百年学府春华秋实的人文背景

文物聚珍考古学人的几代见证

百年学府聚珍

西北大学历史博物馆藏品选

西北大学文博学院考古专业 编

文物出版社

校园内唐太平坊实际寺遗址纪念亭

校园文史楼前孔子青铜塑像

目　录
CONTENT

贰、商周时期

The Shang and Zhou Periods

目录 CONTENT

目录 CONTENT

肆、魏晋隋唐时期   The Wui，Jin，Sui and Tang Periods

目录 CONTENT

伍、宋元明清时期　　The Song，Yuan，Ming and Qing Periods

目录 CONTENT

前　言

在举世闻名的古丝绸之路的起点，周秦汉唐等十三个王朝定都的地方——西安，有一座百年的高等学府——西北大学。丰厚的历史背景和浓郁的文化氛围，为西北大学的人文社会科学，特别是历史学、考古学和文物保护学等学科营造了良好的教学和科研条件。

西北大学位于西安古城墙的西南角外，北边一箭之地横亘着全国保存最好的由唐长安皇城墙改建的明代城墙。校园位于唐长安太平坊遗址之上，曾是豪门贵宅和古刹名寺的重点分布区域。在近年发掘的实际寺遗址中，出土了大量佛教文物，使人自然联想到当年著名诗人贾岛或曾造访到此，写下了"鸟宿池边树，僧敲月下门"的千古名句。那古刹钟声，余音犹在耳旁。

秦砖汉瓦、唐碑宋铭，托起了中国西北地区最大的一座高校博物馆——西北大学历史博物馆。它的前身是公元 1939 年建立的教育部西北艺术文物考察团文物室，以后先后更名为西北大学历史系文物室、西北大学考古专业文物陈列室、西北大学文物陈列馆。公元 1996 年正式定名为西北大学历史博物馆。

西北大学历史博物馆是目前我国成立时间较早、藏品比较丰富的高校博物馆之一。现有馆舍约 700 平方米。除文物库房和办公室外，博物馆陈列分为通史陈列展室、考古成果展室和校园考古出土文物展室三部分。馆藏各个时代的各类文物标本二万件左右，其中三级以上文物一百三十余组件。馆藏文物主要来源于文博学院考古专业的田野考古调查与发掘、兄弟单位交换调拨、社会各界人士捐赠及社会流散文物征集等，其中考古发掘出土品占了相当大的比例。

作为高校历史博物馆，其职能首先是服务于综合性大学历史学、考古学、文物学、博物馆学和文物保护学等相关学科专业的教学与科研工作以及大学生的人文素质教育。作为教学标本，对其要求主要不在于文物等级的高低，而在于它是否具有典型性，能否作为某一时期物质文化的代表，并由众多典型器物构成一个前后大致衔接的发展序列，这是我们

通史陈列展室

建立通史陈列展室的目的。该室展品包括自旧石器时代到明清时期的典型文物标本。如旧石器时代的砍砸器和细石器，新石器时代的磨制石器和彩陶，夏商周三代的甲骨文和青铜器，秦汉的瓦当、陶文，南北朝的瓷器和陶俑，隋唐的墓志和佛教遗物，宋至明清的陶瓷器等，形成了较为完整的体系。其中也不乏有较高的艺术与历史研究价值的文物，如被誉为"天下第一珍珠"的仰韶时期穿孔珍珠，罕见的仰韶文化陶塑人像和龙山时代的陶祖，商代河北藁城遗址的青铜器，字迹清晰的殷墟甲骨刻辞，以"四神瓦当"为代表的一大批造型精美的秦汉瓦当，具有很高历史研究价值的秦封泥，十分难得的隋唐时期面食制品以及北宋的铜钺等。在实际教学中，学生们置身于精美的历史文物回廊，亲手触摸、掂量文物，如此近距离地观察文物，使教学过程分外生动活泼，也培养了学生注重实践、勤于观察的良好学风。

考古成果展室展出历年来考古专业教师与学生们考古发掘出土的重要文物。西北大学考古专业成立于公元 1956 年，是我国高校中最早建立的考古专业之一。四十多年中，结合田野考古教学实习，先后参加了西安半坡遗址、临潼姜寨遗址、周原遗址、秦始皇陵兵马俑坑、咸阳秦宫殿遗址等著名遗址的发掘，独立发掘了扶风案板遗址、西安老牛坡遗址、华县梓里遗址、商县紫荆遗址、城固宝山遗址、万州中坝子遗址等。其中华县梓里仰韶文化墓葬的成组陶器，扶风案板遗址和宝鸡石嘴头新石器时代的大量陶、石、骨器，西安老牛坡遗址和城固宝山遗址的商代陶器的展出，大大丰富了这座历史悠久的博物馆藏品的种类和数量，提高了藏品级别。特别是案板遗址史前的陶抄、陶塑人像、喇叭口瓶，宝山遗址商代遗物有柄尊形杯、竹节形高柄器座、高柄豆、双錾圈足尊等，具有重要的科研价值，受到学术界的普遍重视与关注。考古发掘品数量与质量的优势，对考古专业教学、研究起了极大的推动作用。

校园考古工作，在我国高校中史无前例，具有鲜明的特色。校园考古出土文物展室主

校园考古文物展室

要展示西北大学校园范围内发掘出土的汉、唐、明、清时期的大量文化遗物。其中最为重要的是属于唐长安太平坊实际寺的众多佛教文物，如石佛像、铜佛像、石佛座、净水瓶、三彩器以及瓦当范、石围棋盘和棋子等。由于唐代高僧鉴真曾在实际寺受俱足戒，故这些文物的发现与陈列，更是引起了国内外文物考古、历史和佛教界的高度重视。此前已在实际寺遗址上建亭立碑，以供观瞻，成为西北大学又一道古色古香的风景线。

西北大学历史博物馆的发展，一方面得益于陕西丰富的文物资源，另一方面有赖于考古、历史、文物保护专业较为雄厚的教学科研力量。西北大学历史学科创建于公元 1937年，是西北地区创建最早的学科之一，在长达六十四年的发展过程中，历史学科中颇具特色的考古学不断发展，形成了史前考古、商周考古、汉唐考古和陶瓷器研究、玉器研究、青铜器研究、古文字研究等稳定的科研方向。一批学有专长的教师，勤奋耕耘，完成了多项国家级科研项目，出版了数十种专著和考古发掘报告，在海内外权威与核心等刊物上发表了数百篇学术论文。这一切保障了历史博物馆的学术定位。作为目前我国高校中不多的文物保护学专业，创建十多年来在教学实践中，对馆藏的珍贵文物给予了有效保护，并使藏品丰富的西北大学历史博物馆成为自己理想的教学科研基地。

西北大学历史博物馆发展到今天，其作用已超出一般教学科研范围，它在校园文明建设和对外文化交流中日益发挥着重要作用。历史博物馆常年向社会开放，已接待国内外知名学者和政要以及各界人士数万人，成为传播科学文化知识，促进精神文明建设的重要阵地。

随着新世纪的到来，西北大学历史博物馆将进一步加强建设，拟在近几年内，建成数字化历史博物馆，使历史博物馆从设施到管理全面现代化，从而更好地为西北大学的教学、科研服务，成为培养优秀人才的一个重要基地。

PREFACE

Xi'an—the starting point of the famous Silk Road, the capital of thirteen dynasties, such as the Zhou, Qin, Han and Tang—where a time-honored university—Northwest University (NWU) lies in. The rich historical background and cultural atmosphere contribute to a good education and research for the humanities, especially for history, archeology and relics preservation in Northwest University.

Northwest University is located in the southwest corner of the ancient city-wall in Xi'an. To its north is the magnificent Ming city-wall, which is best preserved in China. Where the university is situated and to its west were Taiping Lane and Xishi Relics respectively in the Tang time. In the 70's, the broken bricks and tiles of Tang could be easily found here, which could help people imagine the commercial prosperous scene at that time. With the excavation of the Shiji Temple Site, a great number of Buddhism relics were unearthed, which reminds people of a well-known poet Jiadao, who had visited here and left us a famous poem "while birds are resting in the trees, a monk is knocking the door in the moonlight". And the bell in that ancient monastery seemed still ringing around.

The Qin brick, the Han tile, the Tang tablet and the Song inscription make History Museum of Northwest University—the biggest university museum in northwest region in China—built up. It was the relics-room of Northwest Art and Relics Investigation Group of Education Ministry, founded in 1939. And later it was named successively as relics-room of History Department, as relics exhibition room of archeology major, as relics exhibition all of Northwest University. Until 1996 had it received its formal name-History Museum of Northwest University.

This museum is one of the early-built, rich-collection university museums in China. It covers an area of 700 square meters and holds three exhibition-halls, besides offices and relics storerooms. These three halls are General History Exhibition Hall, Archeological Findings Exhibition Hall and University Excavated Relics Exhibition Hall. There are about 20000 relics samples in different ages and different varieties, among which more than 130 samples are over grade-3. These relics are mainly from the investigation and excavation by the arche ological teachers and students, from the exchanges among the other museums and institutes, from the donations and collections by society, and among them the excavated relics take a quite great proportion.

As the university museum, its main function is to serve the teaching and research on history, archeology, museology, relics, and relics preservation and other related majors and education on undergraduates 'humane quantity. As the teaching samples, the relics are judged not by their grade, but by their typicalness and representative of the material culture in a fixed period, which will help the archeologists build a relics-development sequence, which is the exact purpose of the establishment of the General History Exhibition Hall. The typical relics are exhibited in this hall in chronology from Paleolithic Age to the Ming and Qing time, such as choppers and microliths in Paleolithic Age, polished stone artifacts and painted potteries in Neolithic Age, oracle-bone inscriptions and bronze vessels in the Xia, Shang and Zhou periods, tile-ends and inscriptions on the pottery in the Qin and Han time, porcelains and pottery figurines in the South and North period, epitaphs and Buddhism remains in the Sui and Tang time, and porcelains from the Song dynasty to Qing dynasty and so on. Among them there are some relics with high art and historical value, such as the perforated pearl in Yangshao period, named as the First Pearl under Heaven, the rare pottery zoophoric sculpture in Yaoshao culture and phallus in Longshan chlture, the bronzes in Gaocheng remains, Hebei in the Shang time and the clear-writing oracle-bone inscriptions in Yin Ruins, the clay seals with quite high research value in the Qin, a great many of endtiles with clean lines in the Qin and Han dynasties, symbolized by the Four Gods tile-ends, the precious flour-made products in the Sui and Tang time and the bronze cymbals in the North Song. During the practical teaching process, the students find themselves in the historical relics corridor. They could touch the relics and watch them in so near distance, which make the teaching vividly and improve the ability of the students 'practice and observation.

The important excavated relics by the archeological teachers and students are exhibited in Archeological Findings Exhibition Hall. The major of archeology is founded in Northwest University in 1956. It is one of the earliest archeological majors in Chinese universities. During over 40 years, with the filed archeological practice, the teachers and students have taken part in many famous sites excavations, including Banpo, Jiangzhai, Site of Zhouyuan, Palace Site of Xianyang of State of Qin and Tomb-figure pits of Terra-cotta. Besides, they have also excavated many remains by themselves, such as Site of Anban at Fufeng, Site of Laoniupo at Xi'an, Site of Zili at Hua County, Site of Zijing at Shang County, Site of Baoshan at Chenggu, Site of Zhongbazi at Wanzhou. Among them the pottery groups excavated from the tombs of Yangshao culture of Zili at Hua County and the pottery, stone and bone artifacts in Neolithic Age unearthed from Site of Anban at Fufeng and Site of Shitouzui at Baoji, the potteries in Shang period excavated from Site of Laoniupo at Xi'an and Site of Baoshan at Chenggu enrich the variety and quantity of the relics and improve their grades accordingly. Especially pottery *Chao*, pottery zoophoric sculpture, flared-edged vase of prehistoric age of Site of Anban at Fufeng, cup shaped of *Zun* with handle, utensil stand shaped of bamboo with high handle, *Dou* with high handle, circular-leg *Zun* with double handles of Shang period of Site of Baoshan at Chenggu, are of important research value and of great interest to the antiquaries. The advantages of the relics' quantity and quality greatly push forward the teaching and research of the archeology.

It is unique to excavate in the university. Many cultural relics from the Han, Tang, and Ming to Qing dynasties, unearthed on the campus in Northwest University, are collected in University Excavated Relics Exhibition Hall. It is the most important to bring the Shi-ji temple Site, in Taiping Lane of the Tang dynasty to the earth. And a great number of Buddhism relics were founded, including stone and bronze images of Buddha, stone stands of Buddha, holy-water vase, tri-colored vessels, moulds of tile-end and stone chessboard and chessmen. Because here the eminent monk Jianzhen was initialed into monkhood-Juzu-jie, and the related relics were unearthed and shown, the experts in relics, archeology, history, even the Buddhism field pay much attention on them. Moreover, a pavilion housing a tablet has been built up on the site for people to view , which has become a scene in an air of great antiquity in Northwest University.

The development of History Museum of Northwest University, on one hand, is benefited from the rich cultural sources in Shaanxi Province, on the other hand, is from the profound teaching and research power of archeology, history and relics preservation. The history major, set up in 1937, is one of the earliest majors in northwest region. During 64-year development, with the improvement of history and archeology, various research directions become stable, including the pre-historic archeology, Shang-Zhou archeology, Han-Tang archeology, study on the pottery and porcelain, study on the jades, study on the bronzes and the study on the ancient characters. And a group of the specialized teachers devote themselves to teaching and research. They have accomplished many State-funded research programs and published tens of books and archeological excavation reports and issued hundreds of academic papers on the authoritative and key magazines. All of these ensure the academic position of the museum. At the same time, the major of Preservation of Cultural Heritage, found in 1989, is the unique one in Chinese universities. The students in this major protect the relics by their knowledge and make the museum an ideal place for the teaching and research.

Besides, the museum plays a significant role for the construction of the spiritual civilization and the communication between home and broad. It is open to the public. And thousands of people have visited it , including the famous experts, political officials, students and other personnel from different walks. It has become an important base to spread the science and culture and to promote the construction of the spiritual civilization.

In the new century, the construction of the museum will be enforced. A digital museum would be established in recent years. To modernize the museum from equipment to management, it will serve the teaching and research better and better and build a fundamental base to cultivate the excellent talents.

一 多边刃砍砸器

    时代：旧石器时代

    尺寸：长 10.4、宽 16、厚 3.9 厘米

    来源：采自山西襄汾县丁村附近

    原料为黑色角页岩，系用大石片加工而成的多边刃砍砸器；刃部有
使用痕迹。属旧石器时代中期丁村文化的遗物。

二　细石核

时代：旧石器时代晚期

尺寸：左，长4.3、宽2.1、厚1.8厘米

中，长3.3、宽2.0、厚1.6厘米

右，长2.2、宽2.0、厚1.7厘米

来源：采自山西大同旋风山

原料均为硅质岩。左为锥状石核，中为柱状石核，右为楔形石核。这类细石核多见于华北地区旧石器时代晚期的虎头梁、下川等细石器遗存中。调查时未见新石器时代及其以后的遗物与之共存，可能属旧石器时代晚期的遗物。

三　细石叶

时代：旧石器时代晚期

尺寸：左，长 2.4、宽 1.0、厚 0.6 厘米

　　　中，长 2.3、宽 0.9、厚 0.5 厘米

　　　右，长 1.6、宽 1.0、厚 0.3 厘米

来源：采自山西大同旋风山

　　原料均为硅质岩。是从细石核上用间接打击法剥落的细石叶。石片的背面有一条纵脊（左）或两条纵脊（中、右）。这类细石叶多见于华北地区旧石器时代晚期的虎头梁、下川等细石器遗存中。调查时未见新石器时代及其以后的遗物与之共存，可能属旧石器时代晚期的遗物。

四　双孔石刀

　　时代：新石器时代
　　尺寸：长 13、宽 6、厚 0.8 厘米
　　来源：陕西扶风案板遗址出土（GBH14：1）
　　器身扁平呈长方形，通体磨光，中部有两个对钻而成的圆孔，可能用于收割。该器物出土于案板遗址沟北区灰坑 H14 内，与深腹罐、刻槽盆等龙山时代早期的代表性器物共出，时代当属龙山时代早期。

五　石指环

时代：新石器时代

尺寸：内径 1.6 厘米

来源：陕西扶风案板遗址出土（GNZH38：40）

圆形环状。石质较好，制作精细。系装饰品。该器物出土于案板遗址沟南中区灰坑 H38 内，与深腹盆、宽沿浅腹盆、盘形浅腹钵等仰韶文化晚期的代表性器物共出，时代当属仰韶文化晚期。

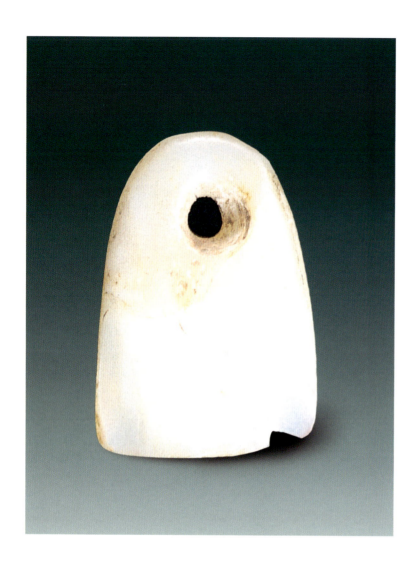

六 铲形蚌饰

时代：新石器时代

尺寸：长1.3、宽0.9、厚0.3厘米

来源：陕西扶风案板遗址出土（GNZG1：14）

利用蚌壳磨制而成。形体呈铲状，上圆下方，上端有一穿孔，当系装饰品。该器物出土于案板遗址沟南中区灰沟 G1 内，与敞口浅腹盆等仰韶文化晚期遗物共出，时代属仰韶文化晚期。

七　红褐陶三足钵

时代：新石器时代

尺寸：口径 20.3、通高 10.1 厘米

来源：陕西华县梓里遗址出土

夹砂红褐陶，器表陶色不甚均匀，素面无纹饰。器身呈圜底钵形，底附三个锥状足。同类器见于华县老官台、临潼白家村遗址等老官台文化遗存中，是渭水流域新石器时代早期老官台文化（约距今 8000～7000 年）的典型陶器之一。

八　杯形口尖底瓶

时代：新石器时代

尺寸：口径 7.3、腹径 22.6、高 53.6 厘米

来源：陕西华县梓里遗址出土

泥质红陶。杯形小口，细颈斜肩，锐尖底；腹部左右各有一半环状器耳。肩及上腹部饰横、斜向细线纹。杯形口锐尖底的尖底瓶是一种水器，见于西安半坡、临潼姜寨、宝鸡北首岭等遗址，是仰韶文化早期（约距今 7000～6000 年）的一种典型陶器。

九 彩陶碗

时代：新石器时代

尺寸：口径 20.3、底径 8.2、高 12.7 厘米

来源：陕西华县梓里遗址出土

细泥红陶。直口圆唇，斜腹平底，口沿下有一周黑彩宽带纹。这种形制的碗见于宝鸡北首岭、西安半坡等仰韶文化早期（约距今 7000～6000 年）遗存中，是仰韶文化早期常见的一种食具。

一〇　戳刺纹陶盂

时代：新石器时代

尺寸：口径 16.1、底径 7.1、高 11.2 厘米

来源：陕西华县梓里遗址出土

出土于陕西华县梓里遗址仰韶文化墓葬。细泥红陶。敛口、鼓腹、小平底；腹部饰戳刺三角纹，器表经打磨。在梓里遗址仰韶文化墓葬的随葬品组合中，有小口尖底瓶、直口圜底钵、盆等，属仰韶文化早期的墓地。

一一　瓮棺

时代：新石器时代

尺寸：钵，口径 31、高 15.7 厘米

　　　　罐，口径 28.2、底径 10.2、高 24 厘米

来源：陕西商县紫荆遗址出土

属紫荆遗址第二期文化遗存。由一钵一罐扣合而成。钵为细泥红陶；直口圜底，表面磨光。罐为夹砂褐陶，器表颜色不甚均匀；圆腹小平底；肩部饰密集的弦纹。这两种器形与半坡、北首岭遗址仰韶文化早期的同类器相同，是仰韶文化早期（约距今 7000～6000 年）的典型陶器之一。出土时，钵与罐扣合，器内发现有幼儿牙齿，故应是埋葬婴幼儿的葬具。一般将这类史前陶质葬具统称为"瓮棺"。

一二　彩陶钵

　　时代：新石器时代

　　尺寸：口径 26.9、底径 9.4、高 11.2 厘米

　　来源：本馆旧藏

　　细泥红陶。敛口唇内卷，斜直腹，平底。器表有白色陶衣，上腹部饰由弧线三角纹、斜线、弧线组成的黑彩图案。这种器形与花纹常见于仰韶文化庙底沟期（约距今 6000～5500 年），是仰韶文化中期常见的陶器之一。

一三 镂孔高柄杯

时代：新石器时代

尺寸：口径8.2、底径8.2、高14.5厘米

来源：本馆旧藏

泥质褐陶。宽沿外侈，杯体似盆形，杯柄细高有圆形镂孔，底座呈喇叭状。属分布于黄河下游的大汶口文化（约距今6100～4600年），与大汶口文化晚期（约距今5000～4600年）的高柄杯更为接近。

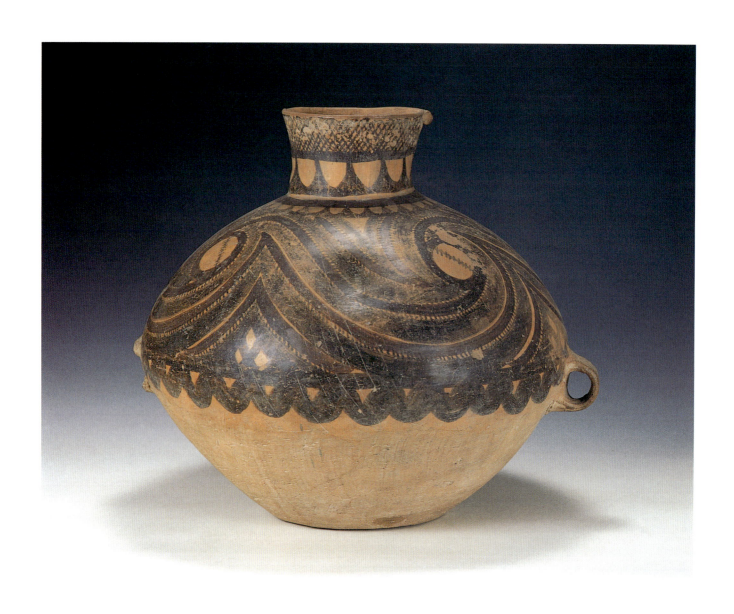

一四　彩陶壶

　　时代：新石器时代

　　尺寸：口径 12.7、底径 15.8、通高 36.5 厘米

　　来源：青海调查采集

　　泥质红陶。小口细颈，宽圆肩，小底。腹部两侧各有一环状器耳。颈部饰黑彩网状纹、弦纹和连续三角状纹；肩部饰黑、红两彩相间的锯齿状花边多线连续漩涡形纹；腹部饰黑彩连弧纹。彩绘线条流畅，图案花纹绚丽。这种形制与花纹的壶，是甘青地区马家窑文化半山类型（约距今 4600～4300年）常见典型器物之一。

一五　黄褐陶大口缸

时代：新石器时代

尺寸：口径 40.3、底径 17.3、高 43 厘米

来源：陕西宝鸡石嘴头遗址出土

泥质黄褐陶。敛口宽平沿，斜直腹平底；腹部有一周附加堆纹。这件大口缸出土于宝鸡石嘴头遗址仰韶文化晚期地层中。类似的陶器也常见于渭水流域新石器时代仰韶文化晚期（约距今 5500～5000 年）遗存中。

一六　灰陶深腹盆

　　时代：新石器时代

　　尺寸：口径23.8、底径15、沿宽4.5、高17.9厘米

　　来源：陕西扶风案板遗址出土（GNXH6:2）

　　泥质灰陶，手制，口沿有轮修痕迹。敛口，宽平折沿，斜腹较深，平底。素面磨光，腹中部有一道突棱和两个对称的鸡冠状器耳。该器物出土于案板遗址沟南西区H6内，是仰韶文化晚期遗存中较为常见的代表性器物之一。

一七　红褐陶抄

时代：新石器时代

尺寸：通长 40.5 厘米

来源：陕西扶风案板遗址出土（GNZH1∶101）

　　夹砂红褐陶，手制。体呈簸箕状，后有中空的圆筒状柄，柄端有一竖向穿孔。素面，前沿有使用磨痕，可能是作为量器使用。该器物出土于案板遗址沟南中区 H1 内，与平唇口尖底瓶、宽沿浅腹盆等仰韶文化晚期的代表性器物共出，类似的器物在甘肃秦安大地湾遗址仰韶文化晚期大型房屋 F901 内曾有发现，时代当属仰韶文化晚期。

一八　圜底陶釜

时代：新石器时代

尺寸：口径 12.8、最大腹径 20.4、高 10 厘
　　　米

来源：陕西扶风案板遗址出土

夹砂红褐陶，手制。矮领，宽折肩，圜底。
肩部有数道凹弦纹，肩与底相接处有一周压窝
纹，底部饰交错细线纹。该器物为案板遗址第二
期遗存常见炊器，时代应为仰韶文化晚期。

一九 陶塑女像

时代：新石器时代

尺寸：残高 6.8、胸宽 4.5、臀宽 4.8 厘米

来源：陕西扶风案板遗址出土（GNZH2:41）

泥质红褐陶，手制。头部及四肢残缺，躯体保存尚好。体态丰腴，贴塑的乳房饱满圆突，腹部隆起，为裸体女像。颈部有一深 3.5 厘米的圆孔直通体内，似为连接头部之用。脐部为一戳出的小圆坑。

该陶塑女像出土于案板遗址沟南中区 H2 内，时代当属仰韶文化晚期。类似的女性塑像在史前遗址中时有发现，可能与女性崇拜有关，对研究原始宗教信仰及原始艺术发展等问题具有一定的意义。

二〇　陶塑人像（一）

　　时代：新石器时代

　　尺寸：通高 4.6 厘米

　　来源：陕西扶风案板遗址出土（GNZH7：1）

　　泥质红褐陶，手制。半身塑像，保存较完整，惟一手略残。头部斜戴平顶圆帽、圆眼、高鼻梁、口呈张开状。口、眼系戳制，鼻梁系捏制，帽子和上肢贴塑而成。该器物出土于案板遗址沟南中区 H7 内，时代属仰韶文化晚期。对于研究仰韶文化时期的造型艺术及宗教信仰等问题具有重要意义。

二一　陶塑人像（二）

时代：新石器时代

尺寸：左，通高5.9厘米；中，通高6.6厘米；右，
残高4.2厘米

来源：陕西扶风案板遗址出土（GNZH1∶77、
GNZH1∶78、GNZH1∶79）

左：泥质红褐陶，手制。半身人像，除左上肢残缺
外，其余保存完好。头戴圆尖帽，圆眼，高鼻梁，小嘴，
大耳有孔。鼻梁和帽子系捏塑，耳和上肢为贴塑，眼、
嘴和耳孔戳制而成。

中：泥质红褐陶，手制。半身人像，除耳和上肢残
缺外，其余保存完好。头戴圆尖帽，圆眼，高鼻梁，嘴
和耳较大，颌部外凸似络腮胡状。帽、鼻和胡须系捏塑，
耳和上肢为贴塑，眼、嘴和耳孔戳制而成。

右：泥质红褐陶，手制。半身人像，头顶残缺，其
余保存完好。圆眼，高鼻梁，小嘴。鼻梁系捏制，眼、
嘴戳制而成。

上述陶塑人像出土于案板遗址沟南中区属第二期遗
存的H1内，时代属仰韶文化晚期。

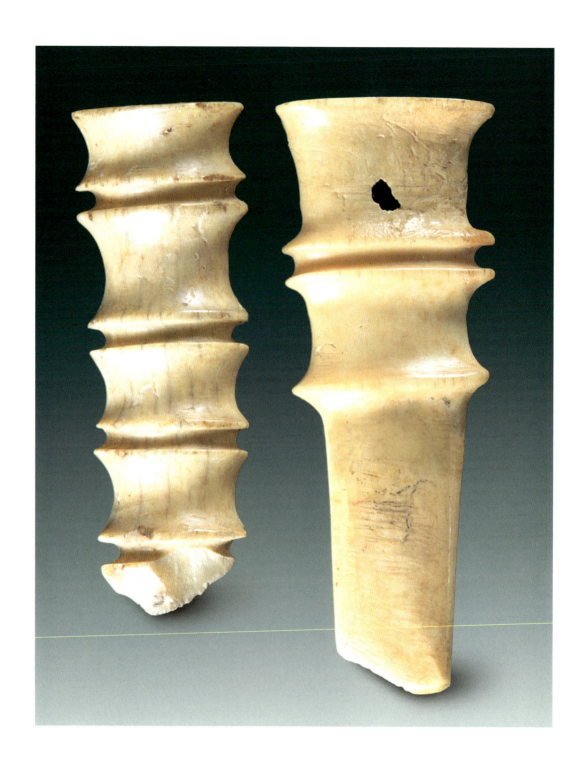

二二　竹节状骨匕

时代：新石器时代

尺寸：左，残长 4.8 厘米；右，通长 5.6 厘米

来源：案板遗址发掘资料（GNZH26：3、GNXF2：13）

左：利用动物骨片雕磨而成。前端残断，尾端和背面磨制平齐，正面微弧，柄部雕磨而成竹节状。

右：利用动物骨片雕磨而成。前端残断后又经磨制，尾端和背面磨制平齐，正面微弧，柄部雕磨而成竹节状。

这种骨匕出土于案板遗址第二期遗存中，制作精美，时代当属仰韶文化晚期。

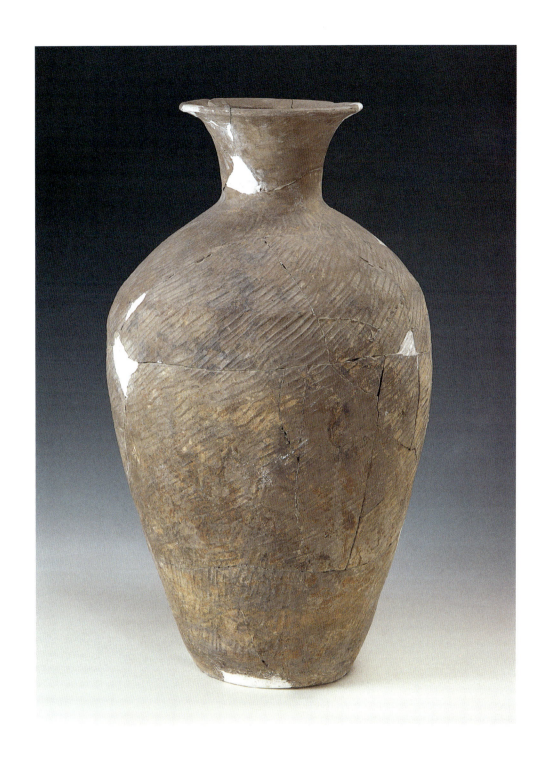

二三　灰陶喇叭口瓶

　　时代：新石器时代

　　尺寸：口径 16.6、底径 14.4、高 52 厘米

　　来源：陕西扶风案板遗址出土（GBH7：25）

　　泥质灰陶，手制。敞口呈喇叭状，细长颈，圆肩，深腹下部内收，小平底。颈以下饰斜篮纹和交错篮纹。该器物出土于案板遗址沟北区 H7 内，时代属龙山时代早期，可能是作为水器使用的。

二四　灰陶刻槽盆

时代：新石器时代

尺寸：口径 17.4、底径 12、高 9.8 厘米

来源：陕西扶风案板遗址出土（GBH20:38）

夹砂灰陶，手制。直口，唇沿中间下凹呈子母口状，口部正面有流，斜腹较浅，平底。器内壁有辐射状刻槽，外壁饰斜向粗绳纹，腹中部两侧有对称的舌形器耳。该器物出土于案板遗址沟北区 H20 内，与深腹罐、单耳罐、喇叭口平底瓶、鼎、斝、釜等龙山时代早期的代表性器物共出，时代当属龙山时代早期。可能用于食物加工。

二五　灰陶筒形罐

时代：新石器时代

尺寸：口径 16.6、底径 11.8、高 28.6 厘米

来源：陕西扶风案板遗址出土（GBH7∶4）

夹砂灰陶，手制。敛口唇外斜，深腹微鼓，平底。通体饰竖绳纹，口沿下和腹部加饰五周条带状附加堆纹。该器物出土于案板遗址沟北区 H7 内，与喇叭口平底瓶、釜灶、斝等龙山时代早期的代表性器物共出，时代当属龙山时代早期。这种器物可能多是作为炊器使用的。

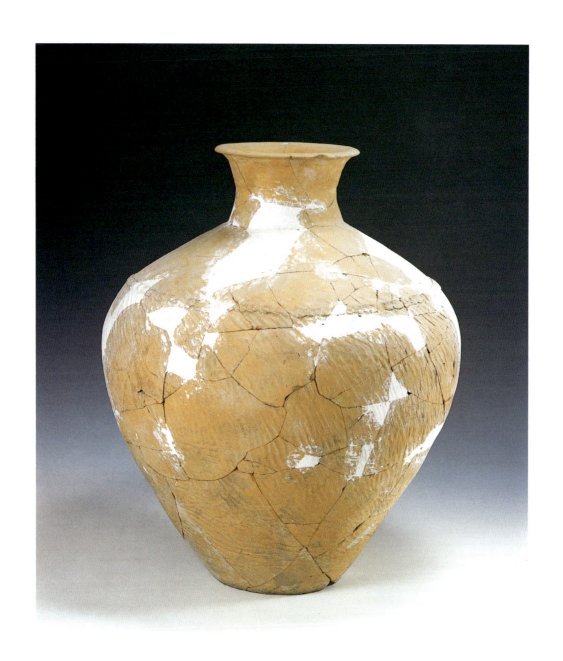

二六　红褐陶喇叭口罐

　　时代：新石器时代

　　尺寸：口径 16.2、底径 14.6、最大腹径 40、高 47
　　　　　厘米

　　来源：陕西宝鸡县贾村镇老虎沟遗址采集

　　泥质红褐陶，手制。喇叭口，圆唇，束颈，宽圆肩，
下腹内收，平底。肩部以上抹光，近圆折处饰一周附加
堆纹，以下饰斜篮纹。该器物发现于宝鸡县贾村镇刘家
坡村东北的老虎沟遗址一座房址内，与泥质红褐陶大口
深腹缸等常山下层文化代表性器物共出，时代当属龙山
时代早期。这类遗存在陕西关中西部的发现，证实常山
下层文化已分布至此，说明西北地区龙山时代早期文化
有东渐之势，不同于仰韶文化由关中向西北地区不断扩
展的文化发展格局。

壹 史前时期

二七　高领单把陶鬲

　　时代：新石器时代

　　尺寸：口径20.8、通高38.3厘米

　　来源：陕西商县紫荆遗址出土

　　夹砂灰陶。器口有锯齿状花边，高领、单把，三袋足较大；颈以下饰方格纹。依据地层关系和共存遗物，该鬲属龙山时代晚期（约距今4500～4000年）的紫荆遗址第五期。

二八 黑灰陶器盖

时代：新石器时代

尺寸：口径 27.5、通高 24 厘米

来源：本馆旧藏

泥质黑灰陶。这种器盖应是先做成细颈小口壶状器，然后从肩部割开，再在口部加一帽形纽而成器盖，用于扣合缸、瓮之类的容器。通体磨光，体饰数道弦纹，制作较精美。相同的器形见于长安县的客省庄遗址第二期文化遗存中，故这件器盖应属渭水流域新石器时代晚期的客省庄文化（约距今 4500～4000 年）的遗物。

二九　双耳罐形鼎

　　时代：新石器时代

　　尺寸：口径 8.5、通高 10 厘米

　　来源：陕西宝鸡石嘴头遗址出土

　　泥质黑灰陶。鼎身为侈口、高领的双大耳罐，底部附三个小矮足。器表经打磨，素面无纹饰。类似的
高领双大耳罐常见于渭水流域龙山时代晚期诸遗址中。在石嘴头遗址中，与双耳罐形鼎共存的陶器属龙山
时代晚期（约距今 4500~4000 年）。

三〇　灰陶祖

　　时代：新石器时代

　　尺寸：长 7.9 厘米

　　来源：陕西长安县镐京观村附近采集

　　泥质灰陶。为一男性生殖器造型，是反映新石器时代的男性生殖崇拜的重要资料。据有关调查资料，长安县沣东一带有仰韶时代、龙山时代和周代的文化堆积。从这件陶祖的陶质等方面看，似应属龙山时代的遗物。

三一　黄褐陶双耳罐

　　时代：新石器时代

　　尺寸：口径 10.1、底径 6.9、高 17.2 厘米

　　来源：陕西宝鸡石嘴头遗址出土

　　泥质黄褐陶。侈口高领，鼓腹平底，口沿下左右各有一桥形器耳。通体素面无纹饰。同类器见于陕西岐山双庵等遗址中，属渭水流域龙山时代晚期（约距今 4500～4000 年）典型陶器之一。

三二　骨梭形器

时代：新石器时代

尺寸：长 19.8、宽 2.0、厚 0.6 厘米

来源：陕西华县梓里遗址出土

出土于华县梓里遗址客省庄文化遗存（H4：8）中。通体磨光，尖端锐利，尾端有一穿，两侧有槽，形似梭。这种骨器在渭水流域新石器时代考古中少见，故其功用有待于进一步研究。

三三　龟甲饰片

时代：新石器时代

尺寸：最大长4.2、最大宽4.3、厚0.2厘米

来源：陕西扶风案板遗址出土（GNDH24：15）

体呈五边形，系用龟腹甲磨制而成。上部有一对钻而成的小孔，正面以小孔为首刻有似人形纹样。

该龟甲饰片出土于案板遗址沟南东区 H24 内，与重唇口尖底瓶、铁轨式口沿深腹罐、卷沿曲腹彩陶盆等仰韶文化中期的代表性器物共出，时代当属仰韶文化中期。龟甲饰物通常发现较少，但以龟甲随葬的现象在大汶口文化等新石器时代文化中却比较常见。若再联系到商周甲骨文，则可能含有一定的宗教意义。

三四 有柄尊形陶杯

时代：商代

尺寸：高 17.8、柄高 6、口径 12.4、底足径 7.2 厘米

来源：陕西城固宝山遗址出土

泥质灰胎黑皮陶，圆尖唇，斜直口微侈，折腹，腹下弧收为小底，喇叭口形柄足。口下部和柄中部各饰二道阴弦纹。此种器物是宝山遗址商时期遗存常见器类之一，流行于第一期，即相当于商早期晚段至商中期。加柄器物多见，为宝山商遗存陶器一大特色。其亦曾对周围地区同时期文化产生影响，如1973年陕西岐山王家嘴出土的青铜"饕餮纹高足杯"造型与宝山陶杯十分相似，应是仿照宝山有柄尊形杯的器形而制作的。这也说明宝山商时期遗存与关中商文化曾有较密切的联系。

三五 灰陶尊形杯

时代：商代

尺寸：通高 14.5、口径 11.2、底径 2.4 厘米

来源：陕西城固宝山遗址出土

夹砂灰陶。斜直口，方唇平沿，长颈，肩部凸折棱，斜直腹微外弧，小平底。颈中部饰堆塑的贝纹。

尊形杯是宝山商时期遗存中最为常见的器类之一，主要流行于第二期。此杯为形式多样的尊形杯中之一种，造型规整，显得厚重、敦实。所饰贝纹属该遗存较多见并富有特色的纹饰，对认识其文化性质及相关文化的关系，有一定意义。

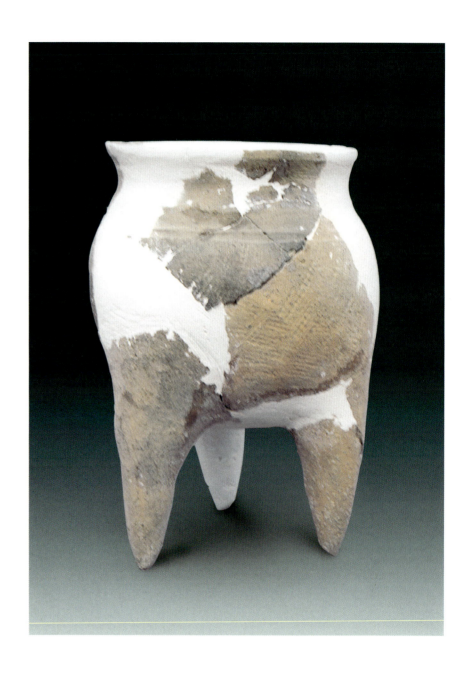

三六　褐陶锥足鼎

　　时代：商代

　　尺寸：通高 17.2、口径 10.4、腹深 11.2 厘米

　　来源：陕西城固宝山遗址出土

　　夹砂褐陶。口稍侈，圆唇，微束颈，圆鼓腹，圜底，附三个锥状实足。肩部有窄平折棱，其下二道凹槽纹。腹部饰绳纹。该种鼎为宝山商时期遗存一期较多见的器类，形制及纹饰皆基本相同。实际上是在釜下加三足而成。足采用层层包裹的制法。此种制法自郑州二里岗商文化时就很盛行。该类鼎的造型与制作，可视为地方文化吸收商文化因素而创造的器物，具有一定的个性特色。

三七　高颈小底陶尊

　　时代：商代

　　尺寸：通高 55.2、口径 20.2、底径 6 厘米

　　来源：陕西城固宝山遗址出土

　　泥质褐胎黑皮陶。直口，方唇平沿，圆鼓肩，肩、腹接界处有折棱，肩以下弧收为小平底，深腹。肩中部和腹上部各饰一道凸棱。高颈小底尊为宝山商时期遗存最常见器类之一，造型别致，在其他文化中未见。为数众多的该类器物，与其他各种陶器共同构成了特色鲜明的宝山文化内涵。此器主要存续于宝山商时期遗存第三期，即相当于商晚期中段。

三八　泥质灰胎陶尊形杯

　　时代：商代

　　尺寸：通高9.4、口径10.2、底径1.7厘米

　　来源：陕西城固宝山遗址出土

　　泥质灰胎黑皮陶。斜直敞口微侈，尖唇，自肩往下作微弧形收为小平底，腹浅。口沿部胎体甚薄，仅0.2厘米左右，显示出高超的制陶技艺。此杯主要流行于宝山商时期遗存第一期。

三九　竹节形高柄陶器座

时代：商代

尺寸：通高 38.8、口径 10、底足径 16 厘
　　　米

来源：陕西城固宝山遗址出土

泥质灰陶。上部作斜直微侈的喇叭口形，
下为外侈喇叭口形圈足，竹节形高柄，自口
至足中空。柄、足部饰数组弦纹及小圆孔。
此器为宝山商时期遗存常见器类之一，流行
于第一期，即相当于商早期晚段至商中期。
陶质细腻，制作考究，非普通生活用品，属
陶礼器。

四〇　褐陶圆腹罐

　　时代：商时期

　　尺寸：通高14.5、口径12.1、底径6.8厘米

　　来源：陕西城固宝山遗址出土

　　夹砂褐陶。侈口，微束颈，圆腹，平底，素面无纹。圆腹罐在宝山商时期遗存有一定数量发现。此罐属第二期。宝鸡弣国墓地有发现，青铜罐的形态与宝山所出者大致相同，但器型相对较小。宝鸡弣国墓地文化内涵与宝山文化关系密切，圆腹罐为其因素之一。

四一 褐陶圜底釜

　　时代：商代

　　尺寸：通高 23.1、口径 18 厘米

　　来源：陕西城固宝山遗址出土

　　夹砂褐陶。侈口圆唇，束颈，圆鼓腹，圜底。颈以下满饰绳纹。釜为宝山商时期遗存最常见的器类之一，是这里最主要的炊煮器。此釜属第二期之物。主要使用陶釜作炊煮器，是鄂西一带古代文化的特点，新石器时代较早阶段即已显现，绵延发展成为传统。宝山商时期遗存大量陶釜的存在，对于追寻其文化渊源，意义至关重要。

四二　浅盘细高柄陶豆

时代：商代

尺寸：通高 18.6、口径 20.4、柄高 14.8、底足径 9.2 厘米

来源：陕西城固宝山遗址出土

泥质红胎黑皮陶，豆盘内中部表面附着一薄层夹砂陶。微侈口，浅弧腹，细高柄，柄底部作喇叭口形。豆盘外底部饰一周凸棱，柄上、下部各有三道阴弦纹。造型优美、形式多样的大量高柄豆的存在，是宝山文化陶器群的突出特色之一。此类器盛行于宝山商时期遗存第一期，即商早期晚段至商中期。

四三　泥质红胎高柄陶豆

　　时代：商代

　　尺寸：通高 28.5、柄高 24.7、豆盘口径 17.8、底
　　　　　足径 11.4 厘米

　　来源：陕西城固宝山遗址出土

　　泥质红胎黑皮陶。微侈口，口沿较宽稍内斜，沿内
折，方唇，弧腹略斜收至底部，高柄，柄底部呈喇叭口
形，足底有断面作圆弧状的箍棱。此器主要流行于宝山
商时期遗存第二期。

四四　泥质灰胎圈足觚

时代：商代

尺寸：通高 19.5、口径 13.7、底足径 7.2 厘米

来源：陕西城固宝山遗址出土

泥质灰胎黑皮陶。尖唇，大敞口，平底，下附圈足，圈足壁斜直，足底微侈。圈足饰二道阴弦纹及圆孔。此觚流行于宝山商时期遗存一期，具有一定数量。制作精整，造型美观而富有特点，为其他考古学文化遗存未见。

四五　双鋬圈足陶尊

　　时代：商代

　　尺寸：通高 28.6、口径 14.1、足高 5.5 厘米

　　来源：陕西城固宝山遗址出土

　　泥质灰胎黑皮陶。圆尖唇，喇叭口形圈足，颈部至肩部附双鋬。颈上部和肩下部饰阴弦纹共三组。

　　双鋬圈足尊在宝山商时期遗存中多见，此器为其第一期流行的形制，造型夸张，颇具特色，为宝山文化代表性器类之一。

四六　十字镂孔圈足陶簋

时代：商代

尺寸：通高9.4、口径13.5、腹深5.5、圈足径8.5厘米

来源：陕西城固宝山遗址出土

泥质红胎黑皮陶。宽折沿，微侈口，斜直腹壁，凹底，斜直圈足，圈足底外沿一周箍棱，折角明显。腹中部与圈足中部有三道阴弦纹，圈足饰三个十字形镂孔，制作精整，造型美观，据簋腹底部残痕观察，其原本附有柄（很可能为竹节形柄），惜已缺失。圈足簋（多有柄）为宝山商时期遗存陶器中较常见器类之一，与中原商文化同类器差异明显而具有自身特色。此器属第一期。

四七　扁腹四系陶壶

时代：商代

尺寸：通高 29、口径 9.4、腹径 21.2×18.2 厘米

来源：陕西城固宝山遗址出土

泥质黑皮红胎陶。尖唇，喇叭形口，细长颈，腹正视作圆形，侧视一面弧鼓，一面圆凸，腹侧一周折棱，肩与腹下部各附两个对称的鼻纽。颈部饰三周阴弦纹，腹圆凸一面饰双道线的阴弦纹二组。四系扁腹壶是宝山商时期遗存常见器类之一，特色鲜明，三期皆见，尤其是一、二期的制作甚精。此器主要流行于第二期。其对周围相邻考古学文化曾产生影响，如川西地区就有该类器物的发现，但造型与制作已远不如宝山出土者精美，应是此类器的退化状态。

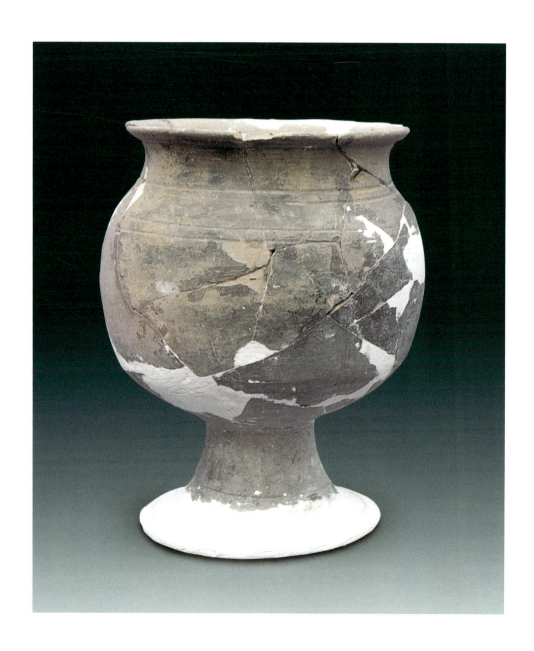

四八　圈足陶罐

　　时代：商代

　　尺寸：通高 18.4、口径 12.8、圈足径 11.2 厘米

　　来源：陕西城固宝山遗址出土

　　泥质红胎黑皮陶。侈口，尖唇，束颈，浑圆腹，附喇叭口状圈足。颈、肩处饰四道阴弦纹。此类罐在宝山商时期遗存中较多见。此种器物于第一期即已出现，其器形发展是由口、腹壁较直演进为束颈、浑圆腹。皆制作精好。该器属第二期，即相当于商晚期早段。圈足陶罐在宝山遗址周围地区有关遗址中亦见有出土。如四川新繁水观音遗址、宝鸡强国墓地等所发现者，制作显见粗劣，造型已失去神采，应视为此类器物的退化状态。

四九　陶器盖

　　时代：商代

　　尺寸：通高 4、口径 10.7 厘米

　　来源：陕西城固宝山遗址出土

　　夹砂红胎黑皮陶。平沿，沿内折，顶弧鼓，厚胎。近沿处有一圆孔。此器物在宝山遗址商时期遗存中有较多数量的存在。对该类器物，研究者多称之为"尖底盏"。经我们观察研究，其应作为盖使用，故以"器盖"名之。

五〇　弦纹爵

　　时代：商代

　　尺寸：通高 17.7、通长 17.1 厘米

　　来源：河北藁城台西遗址出土

　　该爵流窄长而尾较短，菌形柱立于口部靠流一侧。腹深而腹壁较直，圜底。三棱锥足，稍外撇。鋬作半环状，上下基本等宽。纹饰简朴，柱纽上饰涡纹，腹部饰凸弦纹三周。器表锈蚀比较严重。该爵形制纹饰与公元20世纪70年代河北藁城台西遗址 22 号墓所出 Ⅱ 式爵（M22：6）、公元 1937 年河南安阳小屯 388 号墓所出铜爵（M388：2034）十分相似，当为殷墟一期器物，时代在商代晚期。

五一　弦纹斝

　　时代：商代

　　尺寸：通高 24.1 厘米（口径因器变形残破而无法测量）

　　来源：河北藁城台西遗址出土

　　该斝敞口，口沿上立有一柱，柱上菌帽硕大。另一柱因口沿部分残破而缺失。从口沿下逐渐收腹，圜底，底部向外凸出。底部下接三个丁字形足。宽鋬，呈半环形。虽然锈蚀，但腹部相对于鋬的一侧有范缝，腹部饰弦纹三周。该斝形制近于河南安阳小屯 M232 出土的铜斝，属殷墟一期，年代在商代晚期。该斝形制并不多见，腹作分段式，也不同于后来的直腹斝。细看腹部，在弦纹之下有极度细微的凹面，可以看作分段斝向不分段斝演化的最后一站，这或许是它的价值所在。

五二　饕餮纹觚

时代：商代

尺寸：通高 21.0、口径 12.2 厘米

来源：河北藁城台西遗址出土

　　该觚喇叭形口，腰身中等，圈足外撇，足跟为浅阶状。腹壁曲率较大，但中腰已稍向外突。由于锈蚀严重，纹饰不甚清楚。腹部与圈足饰云雷纹衬底的饕餮纹，饕餮仅突出眼睛，其余部分纹饰平缓。腰部上下各饰三周弦纹。该觚年代应在商代晚期，属殷墟一期器。

五三　小型钺

　　时代：商代
　　尺寸：通长 18.0、刃宽 8.3 厘米
　　来源：河北藁城台西遗址出土
　　该钺属小型钺，钺身窄而长。钺本（即肩宽）与钺身长度（不含内）比例数在 0.6 左右。钺身略呈长方形，上部有一圆孔。两肩各有一窄条形穿。直内，内上有一穿，较小。由于锈蚀严重，已不清楚上面有无纹饰。此形制宜定为殷墟一期器。

五四　曲内戈

　　时代：商代

　　尺寸：通长 32.5、援长 21.8 厘米

　　来源：河北藁城台西遗址出土

　　该戈援窄长，中脊略隆起。内后段下垂，作圆顶形。内上有一圆穿。
内两面饰夔龙纹，盘曲状，构图奇巧，线条简练传神，镌刻深峻。其纹
饰风格有商代中期特点，属二里岗上层偏晚器物。

五五 爵

　　时代：商代

　　尺寸：通高 18.7、通长 14.5 厘米

　　来源：本馆旧藏

　　该爵流与尾上扬幅度适中，造成一种平衡感。流短而宽。流口上两立柱较高，上为菌形帽。腹壁较直，卵形底。下接三棱锥足，稍外撇。鋬的上下宽度基本一致。颈部饰三周凸弦纹。鋬内腹一侧铸"⌐⊓⌐"铭文一字。有"⌐⊓⌐"字的青铜器至少有一百七十多件，从商代晚期到西周早期，可知这是一个延续时间很长的国族。考古发掘最多的一批铸有"⌐⊓⌐"族徽的青铜器集中出土于山西省灵石县旌介村，可能是"⌐⊓⌐"国族的发源地或中心区域。该爵形制、纹饰都说明年代在商代晚期，属殷墟四期物，或在商周之际。

五六　饕餮纹觚

时代：商代

尺寸：通高 30.7、口径 16.6 厘米

来源：本馆旧藏

该觚喇叭形口，腰身较细，圈足外撇，足跟为浅阶状。腹壁及圈足各饰四条等距离扉棱。觚体饰满纹饰。颈饰蕉叶纹。腹饰饕餮纹，其长鼻反卷，则不同于一般的饕餮纹。腹部及圈足主纹均以云雷纹衬地，地纹细密，而主纹线条宽侈，尽管主纹与地纹的高低差不大，二者仍然形成较大反差，可见制作者艺术构想之巧妙。觚壁厚 0.3 厘米，觚体较厚重。纹饰形式多样，镌刻清晰，线条爽利，铸造精细。该觚应属殷墟四期器物，时代在帝乙帝辛时。

五七　弦纹甗

　　时代：商代

　　尺寸：残高 48.5、口径 29.5 厘米

　　来源：本馆旧藏

　　此为甑鬲连体甗。甑腹较深，直耳，口部被挤压，呈扁圆形。口沿部外折作阶形，外视如一凸起的宽边，内视为一圈浅台，用来安放器盖，十分稳当。鬲腹较浅，分裆款足，足尖部已残断。甗内箅已遗失。

　　该甗形制与纹饰均与河南安阳殷墟武官 1 号墓出土的铜甗相仿，属殷墟一期铜器，年代在商代晚期。

五八　祖癸爵

　　时代：西周

　　尺寸：通高 20.8、通长 17.8 厘米

　　来源：本馆旧藏

　　该爵流与尾稍长，上扬幅度不大。腹壁较直，下腹近似半个鸡卵。口沿上方两柱，较粗壮，上为菌形帽。腹底接三刀形足，向外撇。鋬上有兽头。由于锈蚀，腹部花纹不甚清楚。应为饕餮纹，层次不够分明，饕餮的鼻子很长，反卷如象鼻。鋬内腹一侧铸"且（祖）癸"铭文二字。字迹大方，爽利道劲。

　　此爵与陕西扶风齐家村 13 号周墓和云塘 20 号周墓出土的铜爵比较接近，其制作年代应在西周早期。

五九 父己爵

时代：西周

尺寸：通高 24.8、通长 18.2 厘米

来源：本馆旧藏

该爵腹深中等，腹壁较直，左侧流槽稍宽，流部上扬，与右侧抬起的尾尖基本处于同一平面，而底部的三足呈刀形，向外撇，整体给人以一种稳定、平衡感。口沿上有一伞状柱，腹部饰云雷纹组成的饕餮纹，单层纹饰，不分主次，线条清楚，构图明快。鋬内腹壁一侧铸铭文"父己"二字。该爵与公元 1974 年陕西周至县终南镇出土的饕餮纹爵相近，应属西周早期器物。

六〇　乳钉纹簋

时代：西周

尺寸：通高 15.8、口径 23.9 厘米

来源：本馆旧藏

该簋敞口，平沿外折，从口沿下腹部逐渐内收。圈足较高，上小下大。口沿下饰三组两两相对的夔龙纹，龙头之间隔有浮雕兽头。圈足纹饰同于口沿下纹饰，但龙头之间是为短扉棱。腹饰斜方格乳钉纹。该簋与现藏宝鸡市博物馆的乳钉纹簋无论大小、纹饰与风格都十分逼近。惟一的区别是本簋的乳钉比较低平，不像宝鸡博物馆所藏簋那样尖利。时代应在西周早期。

六一　重环纹鼎

时代：西周

尺寸：通高 22.6、口径 25.3 厘米

来源：本馆旧藏

该鼎器身如盆，上有两立耳，微外倾。侈口，唇较薄。中腹微鼓，下腹斜收成圜底。马蹄形足，两头粗中间略细。足里侧内凹。口沿下饰重环纹一周，腹部饰凸弦纹一道。纹饰简洁，构图疏朗明快。此鼎是西周晚期流行的盆形鼎。

六二　甲骨（第一片）

时代：商代

尺寸：残长 4.2、宽 4.1 厘米

来源：本馆旧藏

壬□□内贞：衒其来征我于兹寑。

此为卜甲。该辞略有残缺，但不影响文义。左侧首行"壬"字下当有"□
卜"二字，第二行"内贞"下不像再有文字，以第三行只有"衒其"二字例
之，可知第二行仅"内贞"二字。所以第三行"衒"字乃贞辞的主语。

衒，甲骨文中用为方国之名，如"甲辰卜，殻贞，今我其幸衒，不其屮"。
（《甲骨文全集》6892 片）是卜问我要打击衒这个方国，会遇到灾祸吗？本辞是
卜问衒会来侵伐我的寑地吗？《甲骨文全集》8169 片残辞"在寑"，可证寑为地
名。内与殻同为武丁时贞人，这两条卜辞均属殷墟一期。可见，在武丁时期有
个叫衒的方国，是商的敌国，常与商发生战事。文献失载，此乃有补于史料
者。

六三　甲骨（第二片）

时代：商代

尺寸：残长 10.6、宽 3 厘米

来源：本馆旧藏

贞：不其易日？

贞：……易……？

此为卜骨。正面刻辞两条，背面左下沿残存两个凿痕。

在殷代卜辞中，"易日"二字多与雨、雾、啓（晴）等同见于一版，可知它是天象用语。其介乎于阴晴之间，相当于现今所说的"多云"天气。"易日"卜辞多见于武丁时期，结合字形书体，本片亦属武丁卜辞，在殷墟一期。

六四 甲骨（第三片）

时代：商代

尺寸：残长 6.8、宽 2.0 厘米

来源：本馆旧藏

贞：其𩵉雨，四月。

甲□……

此为卜骨，正面有刻辞两条，背面近右沿处有 3 个凿痕。

𩵉乃遘之初文，像两物（或认为是两条鱼）相对之形，表示相遇。后来加止为遘，加辶为遘。《尔雅·释诂》："遘，逢遇也。"卜辞大意是占卜会遇到雨吗？占卜的时间在四月。从文字书体看，应为武丁时期卜辞。

六五　甲骨（第四片）

时代：商代

尺寸：残长 3.8、宽 4 厘米

来源：本馆旧藏

□卜，旲贞：王□□禧，亡卜

此为卜甲，背面有修治痕迹。

旲，贞人名。禧字或释作福，但二者仍有差别，卜辞中用为祭名。"……卜，贞：
旲……王宾……禧……"（《甲骨文合集》25555 片）与本辞相较，时代、内容都一致，
可知本辞"王"字之后所缺之字可能是"宾"（宾）字及祭祀对象。亡卜即无咎，卜
辞恒语。是祖庚、祖甲时人，故本辞属殷墟二期。

六六　甲骨（第五片）

时代：商代

尺寸：残长 2.3、宽 1.9 厘米

来源：本馆旧藏

癸巳卜，何贞：王［宾］上甲埶禶，冓雨

此为卜甲，背面有整治痕迹。

“王”后似缺“宾”字，如《甲骨文合集》30529“癸巳卜，何贞：王宾𫈉禶，不冓雨”，与本辞属对贞之辞，可据此补上。埶禶一词习见于卜辞，如《甲骨文合集》22732“甲戌卜，尹贞：王宾埶禶，无下”，埶与禶一样，也是祭名。本辞大意是：癸巳日占卜，何贞问：王亲自来祭祀上甲，会遇雨吗？从字形（如王字）、书体分析，此卜甲属殷墟二期物。

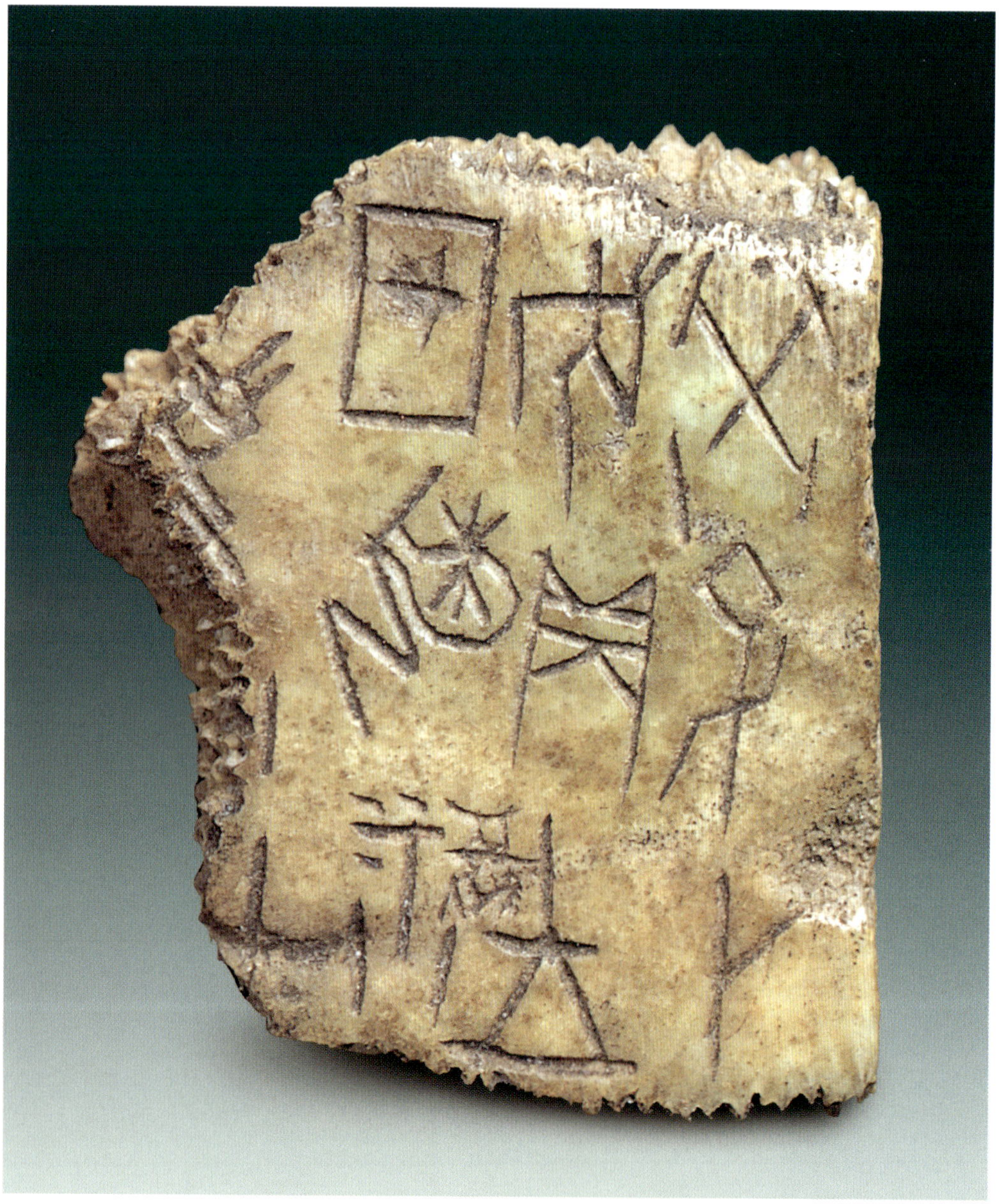

六七　甲骨（第六片）

　　时代：商代
　　尺寸：残长 4.7、宽 2.2 厘米
　　来源：本馆旧藏
　　癸丑卜，何贞：旬亡卜，才（在）九月。
　　癸酉卜，□贞：旬亡卜，才（在）□□。

　　此为卜甲，背面有修治痕迹。正面刻辞两条，为习见的旬卜辞，在每一旬的最后一天（癸日）卜问下一旬有无灾祸。何，贞人名，或隶作尤。何在祖庚、祖甲、康丁时任职贞人，从字形书体分析，此卜甲属殷墟三期物。

六八　甲骨（第七片）

时代：商代

尺寸：残长 11.5、宽 1.5 厘米

来源：本馆旧藏

戊申卜，贞：王田于盂，往来亡灾？才（在）□□。

己酉卜，贞：王徏于召，往来亡灾？

□□卜，贞：王徏于召，往来亡灾？

此为卜骨。背面残存三个圆形凿孔。正面有刻辞三条，按时序戊申然后己酉，从下往上读。盂、召都是地点名。徏或隶定作迮，其义难以确定。此字从彳从坒，或认为是步武之专字。它常与田猎、征伐卜辞同出，疑其含有某种军事行动。田即畋，狩猎。卜辞大意是：戊申日占卜问：商王去盂地狩猎，来回没有灾祸吧？时在（某月）。己酉日占卜，问：王到召地去，来回没有灾祸吧？□□日占卜，问：王到召地去，来回没有灾祸吧？

卜辞文字虽小，但镌刻清丽，属殷墟五期卜辞，时在帝乙帝辛。

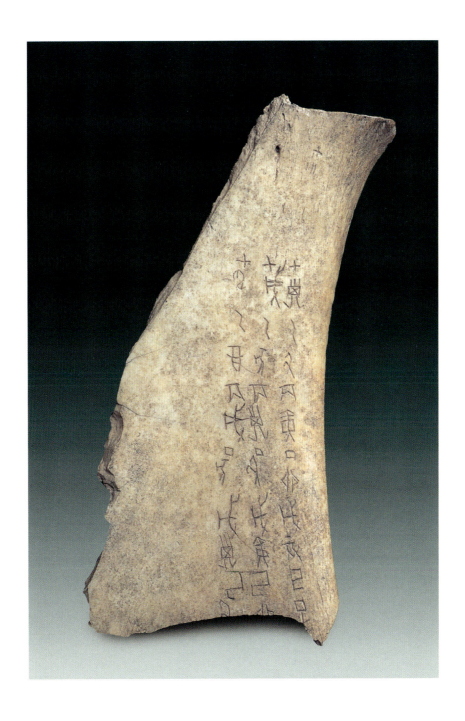

六九 甲骨（第八片）

时代：商代

尺寸：残长 10.8、宽 5 厘米

来源：本馆旧藏

甲子乙丑丙寅丁卯戊辰己巳<u>庚午辛未壬申癸酉</u>

甲戌乙亥丙子丁丑戊寅己卯<u>庚辰辛巳壬午癸未</u>

甲申乙酉丙戌丁亥戊子己丑<u>庚寅辛卯壬辰癸巳</u>

此为卜骨干支表。背面残存两个枣核形钻孔，带有黑色灼痕，疑其侧旁原本还有卜辞。正面刻辞 3 行，下部残缺，但文字可以意补足。商代通行以干支纪日，以十天干（甲、乙、丙、丁、戊、己、庚、辛、壬、癸）与十二地支（子、丑、寅、卯、辰、巳、午、未、申、酉、戌、亥）相配，一轮为六十日。干支表恒见于商代甲骨。从文字书体分析，本干支表属于殷墟五期，在商代末期帝乙帝辛时。

七〇　秦封泥（一）

　　时代：战国—秦代

　　尺寸：左3.8×3.5、右3.7×3.3厘米

　　来源：古陶文明博物馆捐赠

　　这两枚封泥，泥色黄褐，泥质偏软，封泥面的文字为典型秦"摹印篆"，字划纤劲秀丽，带有十字界格。封泥的背面，留有文书竹简的痕迹和绳结的痕迹。封泥内容为："咸阳丞印"、"属邦工丞"。按汉灭秦，遂改咸阳为渭城；汉时又必避汉高祖"邦"字讳。这两枚秦封泥有着极为重要的标识性作用，其表现出的种种特征（文字、界格、边栏、尺寸、用泥、背纹等等），又成为确认更多秦封泥的重要参照。

七一 秦封泥（二）

时代：战国—秦代

尺寸：左上 2.5×3.0、右上 3.0×2.7 厘米

左中 2.6×2.8、右中 2.8×3.1 厘米

左下 3.2×2.8、右下 2.9×3.2 厘米

来源：古陶文明博物馆捐赠

秦封泥内容可分为：中央职官、地方职官或地名、私印等三类。这六枚为中央职官内容："高章宦丞"，为一失载秦宫的侍宦用印，或与章台宫有关。"左瞏桃丞"为失载职官，或与祀咒医药之职有关。"御府丞印"，为少府属宦，服务于皇家。"中厩丞印"，或与太后车马事相关。"居室丞印"，为宫中系狱之印。"郡右邸印"，为首都官事邸驿之印。

七二　汉封泥

　　时代：汉代

　　尺寸：左上 2.1×3.2、左下 2.2×2.8、右上 4.5×4.5、右下 2.0×1.8 厘米

　　来源：本馆旧藏

　　左上：锺官钱丞封泥残甚，阳文。汉制，铸钱为国家最重要的事情，本封泥对于研究汉代铸钱机构有一定意义。

　　左下：章门观监封泥残，正方形，阳文。章门观是汉城门名，监是小官吏。章门观监当是城门校尉的属吏。西安汉长安城曾出土过"建春门侯"印。

　　右上：征北司马封泥文字方整精健，庄重大方。征北司马为军职之称，汉初史籍未见著录。初步考证为汉代出征时临时加封的军职官。此官无定制。

　　右下：宜阳之印封泥甚残，阳文。汉宜阳在弘农郡，汉武帝元鼎四年置。治所约在今河南函谷关附近。此封泥印为宜阳地方之官印。

七三 "槐里市久"陶蒜头壶

　　时代：战国—秦代
　　尺寸：通高 23.2、口径 2.8、腹径 2.0、底径 9.6 厘米
　　来源：本馆旧藏

　　该壶圆唇短直口，口下有蒜头状隆起，直颈，鼓腹，圈足。颈部有一周凸弦纹，颈下与腹上部有两周阴弦线。泥质灰陶，轮制。公元 20 世纪上半叶陈直教授征集于陕西关中地区，《关中秦汉陶录》等著作中有著录。在该壶的下腹部，烧制前黏土未干时，打有"槐里市久"四字戳印一处。"槐里"，应为秦废丘县下属之里名，地望在今陕西兴平以南近渭河处。"市久"，陈直曾指认与市场沽酒有关，近年研究者认为是市场记录之意。

七四　宴饮画像砖

时代：战国

尺寸：长45.6、宽33.7、厚5.1厘米

来源：陕西凤翔彪角镇

　　此方宴饮画像砖，为青灰色，火候较高，系模印制作。画像砖内容从上至下可分为六段，上五段为同模印制的同样内容的宴饮图。图中有三人，二人对坐，中间摆了两个耳杯，左侧人的身后置有一提梁壶，右侧人的身后置一卮。身旁的这些器具均为酒器，表现正在对饮。二人身份较高，身着宽袖长袍。右侧之人应为仆人，身着窄袖长袍。画面的上方还有一正在飞翔的凤鸟。最下一段画像砖的内容为连绵的群山，山间有形象生动的狼、鹿和野猪等野兽。此画像砖的年代应在秦统一之前。

七五　"咸高里昌"陶鼎

　　时代：战国—秦代

　　尺寸：通高 13.3、耳距 18.1、口径 14.6 厘米

　　来源：本馆旧藏

　　此件陶鼎为半球腹，上有子口，可能以前附盖。子口外、上腹部有板状双附耳，耳上部外侈，腹下部附有退化了的三兽蹄形足，足较矮。整体器形显得比较敦实，为关中地区（尤其咸阳附近）战国秦至秦代墓中常见的仿铜陶礼器。在鼎的上腹部，烧制前黏土未干时钤有"咸高里昌"一印四字。"咸"即咸阳亭，"高里"为咸阳亭下之属里，反映了秦亭里制度。"昌"为作坊主或工匠之名，是"物勒工名"或"主名"之反映。

七六 "咸蒲里奇"陶壶

　　时代：战国—秦代

　　尺寸：残高 15.8、腹径 7、底径 11 厘米

　　来源：本馆旧藏

　　此件为秦式陶壶，泥质灰陶，轮制而成。壶口早年已残，估计由再次使用者将口部、颈部锯磨去。斜肩，鼓腹，下腹急收，平底。该壶常见于咸阳地区战国后期秦墓，为陈直早年征集。该壶的腹部最大径处，烧制前在湿黏土上钤印有"咸蒲里奇"一印四字，这是战国直至秦代的一种典型的秦人钤印方法。"咸"约为秦都咸阳亭之省略，"蒲里"为咸阳亭下一级组织，反映了秦之亭里制度，"奇"当为作坊主名或工匠名，是"物勒工名"或"主名"之反映。

七七　"槃"字陶盘

时代：秦汉之际

尺寸：高 4.5、口径 20.8、底径 12.7 厘米

来源：本馆旧藏

　　此盘为泥质灰陶轮制而成，圆唇方折沿，腹斜收，平底，内外皆有轮修时刮削痕迹。此盘为公元 20 世纪上半叶由陈直教授征集于陕西关中地区。盘的内底中央，有烧制前黏土未干时刻划出的一个"槃"字，字体在篆隶之间，阔博大方。此盘断代当定于秦、汉之际。

七八　"苏解为"陶器盖

　　时代：秦汉之际

　　尺寸：通高 4.1、直径 27.3 厘米

　　来源：本馆旧藏

　　此件为一件陶器如方壶、罐之类的器盖，亦有人认为为陶器座或器底。质地为泥质灰陶，轮制。此件在公元 20 世纪上半叶由陈直教授征集于陕西关中地区。在器盖子口内凹处，有烧制之前在湿黏土上刻划的"苏解为"三个大字，三字刻划疾速，似见行草的风格，因此有的研究者目为最早的行草书法艺术作品之一。"苏解"为人名，"为"制作之意，属于"物勒工名"或"主名"的传统。

七九　彩绘带盖陶鼎

时代：西汉

尺寸：通高 14.4、耳距 18、口径 15 厘米

来源：西安北郊汉墓出土

该鼎带盖，盖为扁平球状，盖顶有三小纽，覆于案上时可作带小足承盘用，盖为方唇母口。鼎为方唇子口，半球腹，子口下外壁有相对的板块状附耳，耳外侈。鼎腹下部带退化了的三兽蹄足。泥质灰陶，鼎与盖为轮制，小纽、耳、足等为附加接嵌在盖、鼎上。西安北郊西汉初年墓葬出土，由陕西省考古研究所拨交。鼎盖的口沿部，有白色彩绘宽带；在鼎盖盖面、鼎的上腹部，均用白色绘有云气、神兽珍禽等纹样，繁复多变，具有神秘色彩，应是楚文化影响所致。该鼎为仿铜的专用随葬器，纹样表现亦仿自战国铜器髹漆、镶嵌、粘贴等工艺。

八〇　朱绘蒜头陶壶

　　时代：西汉

　　尺寸：通高 21.4、口径 2.1、腹径 17.4、底径 8 厘米

　　来源：西安北郊汉墓出土

　　该壶方唇短直口，口下有蒜头状隆起，直颈，斜肩，鼓腹，平底。颈部有不明显的凸弦纹一周。泥质灰陶，轮制，全身留有轮修刮削痕迹。西安北郊西汉初年墓葬出土，陕西省考古研究所拨交。

　　该壶为仿铜专用随葬品，在它的上腹部，有一团朱绘，似纹样，似笔划，估计为一种符箓，为早期道家用于丧葬礼仪的遗痕。

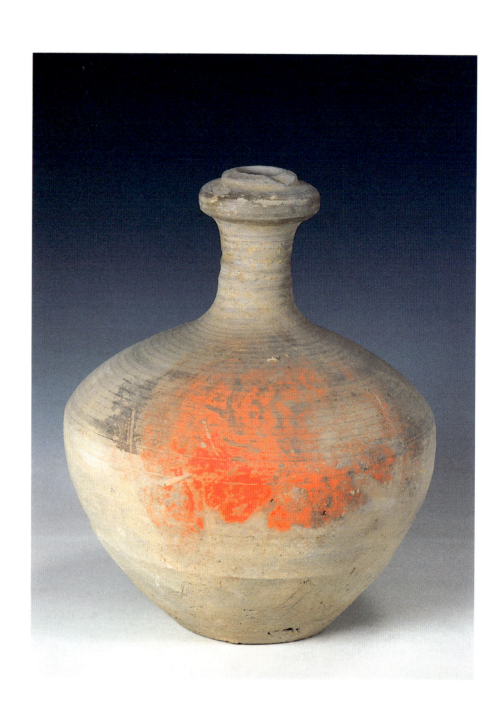

八一 彩绘陶蒜头壶

时代：西汉

尺寸：通高 22.7、口径 4、腹径 19.7、底径 11.8 厘米

来源：西安北郊汉墓出土

此壶圆唇，短直口，口下有蒜头状隆起，直颈，圆鼓腹，平底。泥质灰褐陶，轮制。此壶出土于西安北郊西汉早期墓葬。壶颈部，有朱绘白彩勾边的由青铜器上连续蝉纹变化而来的三角垂幛形纹。腹部以白彩勾边，以朱绘出流畅缠绕的纹样，似凤鸟、盘螭、草叶、云气的复杂变形。此壶的式样，继承了秦蒜头壶的传统，而纹样装饰，有较浓重的模仿楚地铜、漆器风格。

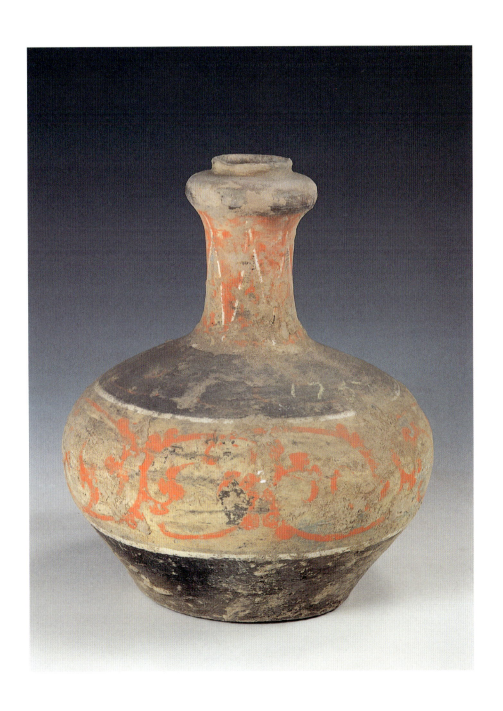

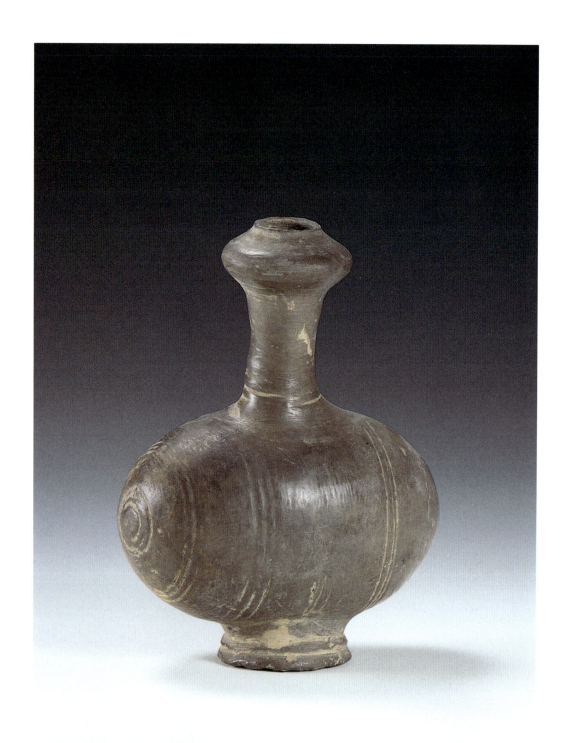

八二　茧形陶壶

　　时代：西汉

　　尺寸：通高 13.2、口径 1.9、最大腹径 9.8、底径 4 厘米

　　来源：本馆旧藏

　　该壶为关中地区秦汉常见器形，关东、汉水地区亦有分布，人们就其形态，又称"卵形壶"、"鸭蛋形壶"等。此壶圆唇短斜口，口下有蒜头状隆起，直颈。腹部为椭圆卵形（茧形），下接圈足，足外撇。泥质灰黑陶。此壶当时为贮酒浆之器，常用于墓中随葬。

八三　彩绘陶盖盒

时代：西汉

尺寸：通高 12.7、口径 15、底径 7.3 厘米

来源：西安北郊汉墓出土

此件文物由盒、盖两部分组成，配有子母口。盒为圆唇子口，弧腹，平底；盖为圆唇母口，上带圈足状捉手。泥质灰褐陶，轮制。此盖盒出土于西安北郊西汉早期墓葬，公元 20 世纪 90 年代后期由陕西省考古研究所拨交。该文物的上捉手部，盒与盖的口合部，都以白色带状装饰，似仿自铜器口部镶嵌效果。在盖、盒的白色带侧，都有朱绘弦纹，此外在盒腹部勾云纹带两侧亦加朱绘弦纹。盖、盒腹部，都有简略的朱绘勾云纹带，并加缀星点，是一种仿铜随葬物，具有楚文化的遗风。

八四 "常乐"石砚

时代：新莽

尺寸：高 1.9、面径 12.5 厘米

来源：本馆旧藏

该砚以含云母的细腻砂岩磨制而成，体呈圆饼状，砚面细润以利发墨，砚背粗糙以放置稳定。此砚背处，刻有带篆意的隶字"常乐"，故名为"常乐砚"。王莽时期，变长安、长乐等为常安、常乐等，其时文字常带篆意，可作为此砚的断代依据。

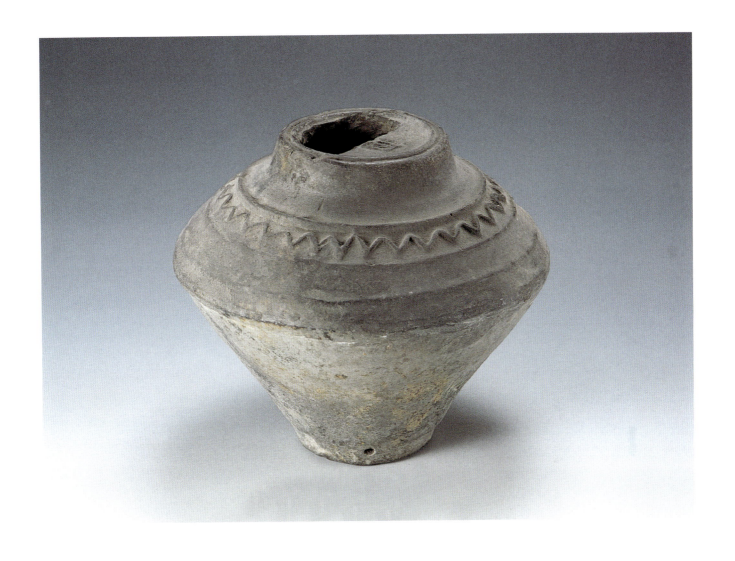

八五 陶扑满

　　时代：汉代

　　尺寸：高 15、底径 6 厘米

　　来源：本馆旧藏

　　扑满为我国古代人民平素储钱的一种瓦器，也叫"缿"。该器为泥质灰陶，火候较高。此器为折肩，钱孔的另一部分已被打破。概因钱已储满，被钱主打掉取钱所致。此器肩部饰弦纹、水波纹，最上部做成二层台式。现仅存"宜"字。从以前出土器物判断，当为"宜泉"二字，此器为王莽时做。

八六　马字瓦当

　　时代：汉代

　　尺寸：面径 14、边轮 1.5、厚 2 厘米

　　来源：汉长安城遗址出土

　　该瓦有单线轮廓，内凹面以单线分为四等份，正中有一乳突。马字瓦当在汉代除单字瓦以外，还有"马马"、"马氏殿当"、"马氏万年"、"马氏冢当"等。瓦文马字反书，仅占内圆的四分之一，其他三界格内为云纹。字体俊秀。该瓦当为汉代马姓私家宅第或祠庙所用。

八七　凤鸟纹瓦当

　　时代：战国

　　尺寸：面径 14.3、边轮 1.3、厚 2.8 厘米

　　来源：凤翔雍城遗址出土

　　该瓦当瓦色纯灰。当背中心凹下，切痕明显。凤鸟颈部富于弹性，身躯优美，确是一件完美的秦文化浮雕艺术珍品。这种朱鸟或叫凤鸟，实为朱雀，汉代四神瓦当之一的朱雀即是由其演变而来的。

八八　夔凤纹瓦当
　　时代：战国
　　尺寸：面径14.4、边轮1.5、厚1.8厘米
　　来源：陕西凤翔县出土
　　该瓦青灰，夔凤的大小布局和表现手法古朴逼真。夔凤的各个部位作回旋形式，像在运动旋转一样。画面明快、大方，具有强烈的运动感和神秘的审美感。

八九　山云纹半瓦当

　　时代：战国

　　尺寸：面径 16.5、边轮 1.8、厚 2.3 厘米

　　来源：西安三桥好汉庙出土

　　该瓦呈黑灰色，火候较高。瓦面自下而上有三个梯形山，最内层为"⊥"字形，其他两个均呈梯形，最外一层的山腰间两边各饰一单线卷云纹。图案装饰清晰自然，风趣优美。这种瓦当装饰在秦的其他建筑装饰中也可以见到。

九〇　四虎纹瓦当

    时代：战国

    尺寸：直径14.2、沿宽0.9、厚1.9厘米

    来源：陕西凤翔出土

    该瓦当为灰陶质，火候较高。画面有四兽追逐奔跑。四兽的形状一致，均为圆头、卷尾、利爪、凶猛、机警。四兽又称四虎，它是古代先秦工匠创造的典型纹样代表，其奇异、神秘的纹样可能含有避鬼求仙的思想。

九一　葵纹瓦当

    时代：秦代

    尺寸：面径17、边轮1.5、厚1.9厘米

    来源：本馆旧藏

    该瓦色深灰，瓦筒残高2.1厘米，瓦的筒外及当边均饰以粗绳纹。其中心为一乳突，乳突外有一单线圆圈，除圈外有四个卷云，还有四个横穿圆线的卷云。这种瓦当通常叫葵纹瓦，即像向日葵一样。葵也是古人喜爱的植物之一，代表吉祥。

九二　动植物纹瓦当

    时代：秦代

    尺寸：面径 15、厚 1.8 厘米

    来源：咸阳赛家沟出土

    该瓦深灰。瓦当中心圆内有许多象征庄稼籽实的纹样，粗线条纹相隔四象限，内中有动物、植物。反映的是田园四周有成行的树木和随处可见的动物。

九三　"汉并天下"瓦当

    时代：西汉

    尺寸：面径 16、厚 2 厘米

    来源：本馆旧藏

    该瓦当瓦色青灰，火候较高。当内以双线十字界格分成四个象限，篆书"汉并天下"分置其中。此瓦文字劲健流畅。边棱用细绳勒割齐整，绳痕明显，为汉初之物。

九四 "延寿万岁常与天久长"瓦当

时代：西汉

尺寸：面径 16.5、厚 2 厘米

来源：西安汉长安城遗址出土

该瓦边轮浅，内以八条单线分为九个形状不一的界格。竖书"延寿万岁常与天久长"九字。文字疏密有致，结构严整。汉代的文字瓦当自一至十二字不等，一字者如"马"，二字者"延年"，三字者"益延寿"，四字者"汉并天下"，五字者"鼎湖延寿宫"，六字者"千秋万岁富贵"，七字者"千秋利君长延年"，八字者"千秋万岁与天无极"，九字者"延寿万岁常与天久长"，十字者"天子千秋万岁与天无极"，十二字者"维天降灵，延元万年，天下康宁"。文字瓦当内容十分丰富。

九五 "亿年无疆"瓦当

　　时代：西汉

　　尺寸：面径 18.6 厘米

　　来源：西安汉长安城遗址出土

　　该瓦质坚硬，颜色纯青。"亿年无疆"系颂祷之辞，为汉代宫殿或宗庙建筑所用。

九六　四神瓦当

　　时代：新莽

　　尺寸：青龙瓦当，直径 18.5、沿宽 2.4、厚 2.3 厘米

　　　　　白虎瓦当，直径 18.4、沿宽 2.2、厚 2.1 厘米

　　　　　朱雀瓦当，直径 15、沿宽 1.6、厚 2.6 厘米

　　　　　玄武瓦当，直径 18.9、沿宽 2.3、厚 1.7 厘米

　　来源：本馆旧藏

　　汉代瓦当中，以青龙、白虎、朱雀、玄武四神最具代表性，人们习惯称之为"四灵"。该"四神"瓦当均瓦质细密，色泽青灰。"四神"的说法早在先秦时代就已经有了。古代四神各为一方之神，青龙为春，属东方，色青；朱雀为夏，属南方，色赤；白虎为秋，属西方，色白；玄武为冬，属北方，色黑。以四神瓦当作为四方保护神，是汉代祖庙、宫殿建筑中必用之物。

九七　"苌乐万岁"瓦当

　　时代：新莽

　　尺寸：面径 15、边轮 1.5、厚 2.1 厘米

　　来源：西安汉长安城遗址出土

　　该瓦当陶质坚硬，正中有一乳突，瓦背以手抹光。瓦文"苌"即"长"，"苌乐万岁"即"长乐万岁"。苌乐万岁为吉语，书体严谨。此瓦王莽时期物。

九八　卫字瓦当

　　时代：西汉

　　尺寸：面径 15、边轮 1.3、厚 1.8 厘米

　　来源：西安汉长安城未央宫遗址出土

　　该瓦为青灰色，陶质坚硬。涂白垩土及朱砂。字体方整精健。从字体、造瓦手法和风格来看应为西汉中期之物。卫字瓦当大多出土于汉长安城未央宫遗址附近，应为未央宫官署卫尉所用之瓦。

九九　"永受嘉福"瓦当

　　时代：西汉
　　尺寸：直径15.7、沿宽1.4、厚1.9厘米
　　来源：陕西咸阳出土
　　该瓦当为"永受嘉福"四字瓦当。瓦质坚硬，鸟虫篆书，字体秀丽华美，应为汉颂祷之辞。春秋战国已经有这种字体，多铸或刻在兵器上，汉代部分用于印文，这种风俗一直影响到南北朝，见于一些碑额、墓志盖等。

一〇〇 "上林"瓦当

时代：西汉

尺寸：面径14、厚2厘米

来源：西安北郊出土

该瓦青灰，文字形体流畅。"上林"应为汉上林苑建筑用瓦，上林苑是汉长安城皇家苑囿的重要部分。

一〇一　连当筒瓦

　　时代：西汉

　　尺寸：通长 49.7、宽 15.3、厚 1 厘米

　　来源：陕西眉县汉成山宫遗址出土

　　这是一件相当完整的连当筒瓦。瓦当的制作，分武帝前和武帝后，武帝前为三道手续，即先做瓦心，再捏边轮，最后上瓦筒；武帝后是两道手续，即将瓦心和边轮一次用范制成，然后上瓦筒。这是一件汉武帝之后的瓦当，当面饰云纹图案。

一〇二　双虎纹画像砖

　　时代：西汉

　　尺寸：长 60、宽 32、厚 5.2 厘米

　　来源：本馆旧藏

　　该画像砖为青灰色，质地细密。虎在汉代被视为瑞兽，动物之长，含有辟邪之意。中国的山东、河南、四川、陕西等省均发现过虎纹画像砖。以往驾虎、牛虎相斗、白虎铺首画像砖题材发现甚多，但像这样的双虎戏闹图则比较罕见。

一〇三　祈多子陶俑

时代：汉晋

尺寸：高 17、底径 12 厘米

来源：本馆旧藏

该件祈多子陶俑，陶质青灰，火候较高。这件罕见的祈多子陶俑上下相通，老妇两手抱腹，面目深沉，胸及腹部均饰有无数个小人头，从上而下渐多。此器形象生动，从造型质地看似为汉代之物。

一〇四　浮雕陶井栏

　　时代：汉代

　　尺寸：长 17、宽 7.5、高 12 厘米

　　来源：本馆旧藏

　　该陶井栏为长方体形，由五个雕面组成，每个面都雕有精美的画面。井栏有一与地面平行的底面，底面的装饰类似于东汉陶灶上的装饰，有鱼、龟、刀等。其他四个面为青龙、白虎与龙蛇神人操蛇等。

一○五 釉陶炉

时代：汉代

尺寸：长 18、宽 11.5、高 9.5 厘米

来源：本馆旧藏

该釉陶炉为一东汉墓中出土。炉为泥质红陶，表面施釉。炉的一头作半圆形，底和四侧有很多条形孔，前部和后部各有两条兽形足。炉身周围饰直线或连云纹样。对研究古代社会生活有重要的价值。

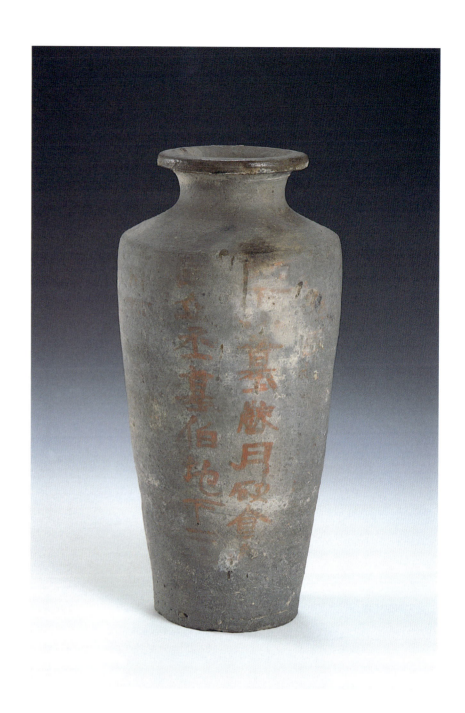

一〇六　朱书镇墓陶瓶

　　时代：东汉

　　尺寸：通高 27、肩宽 12、底径 7 厘米

　　来源：汉长安城遗址出土

　　该瓶为泥质灰陶，质地坚硬。小口卷沿，折肩，斜直腹，小平底。腹部朱书九行约八十字，朱书末尾画一道符箓。由于年代久远，剥落过甚，已无法通读。但"初平元年"四字隐约可见。初平元年为东汉献帝的年号，即公元 190 年。其他文字可识者有"五日"、"孙氏"、"地下小墓岁月破仓"、"固丘丞墓伯地下二千"、"前"、"星经"等。文末的符箓与"星经"联系起来看，应属道家文书。按道家理论，符有祛灾除殃、逢凶化吉等超自然的作用。

一○七　绿釉陶壶

　　时代：东汉

　　尺寸：通高 31.5、口径 12.7、腹径 24.5、底径 13.5 厘米

　　来源：本馆旧藏

　　此壶圆唇、直口，粗颈、斜肩，鼓腹，假圈足。轮制，陶色灰黄，陶质疏松。在陶胎外全身挂有翠绿色釉。壶的口、颈交接处有内折，颈、腹交界处有一周凸棱。凸棱之下，为模印珍禽走兽纹带，纹带间设有相对的铺首衔环。珍禽走兽形态妖娆生动，反映了制作者的艺术功力。

　　该壶又可称为锺，施以绿釉当为仿自青铜锺。这种绿釉为低温铅釉，开始出现于西汉中晚期，盛行于东汉时期。这种绿釉工艺的原产地在古代西亚地区，但低温绿釉制品不适合于实用，一般都为随葬而制备。

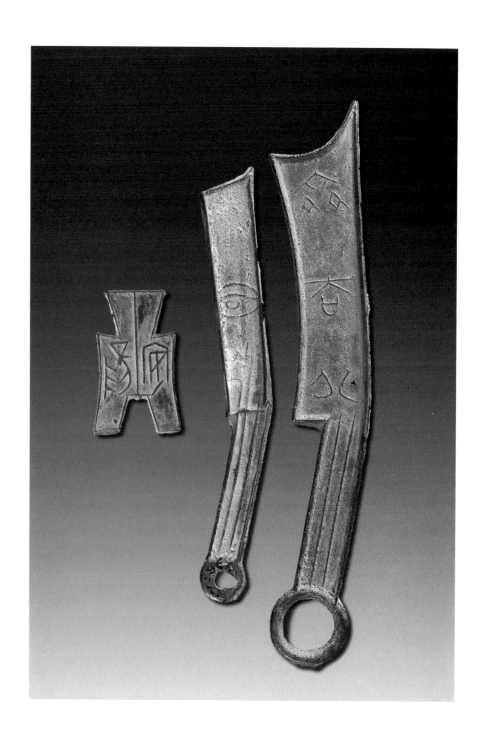

一〇八　战国货币

　　时代：战国

　　尺寸：左，长4.8、厚0.1厘米；中，长14.1、厚0.15厘米；右，长18.1、厚0.3厘米

　　来源：本馆旧藏

　　左侧的布钱上有"安阳"二字，为三晋货币；中间刀币上有"明"字，为燕国货币；右则的刀币上有"齐法化"三字，为齐国货币。

一○九 铜带钩

时代：秦代

尺寸：一长 18、一长 10 厘米

来源：本馆旧藏

长带钩为一鎏金包银镶嵌绿松石，钩的一端残，其内侧有一官字，显然是一件级别较高的官用带钩。

短带钩上饰蝉纹，钩头残。带钩是古代束腰用具。材质多为铜制，有的也用玉、铁、牙、骨、石等做成。

一一○　草叶纹铜镜

　　时代：秦代

　　尺寸：直径 12.3、厚 0.2 厘米

　　来源：本馆旧藏

　　该铜镜为圆形、三弦纽，外区为羽状地卷云纹，四草叶将其分为四个部分。此铜镜为秦代物，同类铜镜在湖北、河南、陕西等地都有发现。

——— **铁戟**

    时代：秦代

    尺寸：残长14.5、宽9.3、厚3.2厘米

    来源：本馆旧藏

    该戟为铁制，为戈、矛合体，既可直刺，又能横击。戟作为一种兵器，主要盛行于战国。该铁戟也是我国目前发现的最大的一件秦代铁戟，戟的下部有一鎏金铜銎，表明秦代的铁戟有用铜銎装柄的。

一一二 "广明左尉"铜印

　　时代：汉代

　　尺寸：边长 2.3、厚 0.8、纽高 1 厘米

　　重量：43.5 克

　　来源：本馆旧藏

该印为铜质，方形拱纽。印纹阴刻篆文"广明左尉"四字。印系汉长安城遗址出土。广明为地名。

一一三 "略畔之丞"铜印

时代：西汉

尺寸：边长2.5、厚0.5、纽高1厘米

重量：43.5克

来源：本馆旧藏

该印为铜质，方形拱纽，印面阴刻"略畔之丞"四字。此印四字均有界格，仍带有秦代官印的特征。略畔为地名。从这枚印的书体和形制来看，与秦代官印相仿，书体也介于秦篆与汉隶之间。故此印为汉初之物。

一一四 "长寿平政"铜印

时代：汉代

尺寸：边长 1.8、厚 0.9、纽高 0.7 厘米

重量：23.5 克

来源：本馆旧藏

该印为铜质，印面阴文"长寿平政"四字。在春秋战国时代，长寿和平政皆为官职，而且职官较大。到汉代"长寿"与"平政"合而为一，成"长寿平政官"。

一一五　博局纹铜镜

　　时代：汉代

　　尺寸：径 14.1、厚 0.4 厘米

　　来源：本馆旧藏

　　该镜圆形，圆纽。座外有双线方框，方框内饰十二个乳钉，方框外饰八个乳钉，博局配置在方框外，置四个 T 与 V 纹，中间饰飞鸟及动物，图形简单，但姿态秀美。

一一六　连弧纹铜镜

　　时代：汉代

　　尺寸：径16.2、厚0.4厘米

　　来源：本馆旧藏

　　该铜镜为圆形。纽座外饰有十二个乳钉，乳钉外有两条宽窄不同
的圆圈。其外饰有云纹。镜体主纹为内八连弧纹，连弧纹外有两条单
线圆圈，其中饰有一圈铭文"洁清白……"。

一一七　铜蚕

　　时代：汉代

　　尺寸：长4.8、高1.1厘米

　　来源：本馆旧藏

　　该铜蚕全身首尾共计九节，似睡眠状。是汉代养蚕制丝业发达的表现。公元1985年在陕西石泉县曾出土过一件鎏金铜蚕。

一一八　灰陶镇墓兽

　　时代：西晋

　　尺寸：长 25.5、高 16.7 厘米

　　来源：本馆旧藏

　　该镇墓兽为泥质灰陶，腹部中空，系模制而成。整体比例适中，头大如牛，短颈，大嘴巴，身躯肥大而矮胖，四肢粗壮有力，有分瓣的牛蹄状足。头部和颈部之上有三束鬃毛前刺，脊梁上饰有四团卷曲的鬃毛，臀部有一条大尾卷在背上，造型显得十分凶猛。由于其造型相当近似于犀，故称之为"犀状镇墓兽"。这件镇墓兽的色泽以及造型与河南省洛阳市邙山和偃师县杏园村西晋墓出土的镇墓兽极为相似，应为同时代之物。

一一九　黄褐陶人面镇墓兽

　　时代：唐代

　　尺寸：通高 26.8 厘米

　　来源：本馆旧藏

　　该镇墓兽整体造型为人面兽身状的怪兽，头上有一螺旋独角（残），足作牛蹄形，尾巴贴身上翘（残）。表面原来涂以白粉，外加红彩，最后并用墨和赭红色画出人的眼睛、鼻子、嘴巴等五官，时至今日面部的色泽保存仍较好，其余部分基本脱落。人物刻画逼真，形象生动，两目炯炯有神注视前方。

　　从这件镇墓兽造型和装饰来看，其年代应为唐代初年，与西安潘家村隋大业四年（公元 608 年）李静训墓出土的人面镇墓兽的年代相去不远。

一二〇　陶武士俑

　　时代：唐代

　　尺寸：残高 34.8、宽 25.2、厚 13.9 厘米

　　来源：本馆旧藏

　　该武士俑仅存上半身，头戴圆顶兜鍪，护耳下垂，沿部上卷，身穿圆领、明光铠甲，自领下至中纵束甲袢，且在胸前打有三结，其上着有名为实现裲裆的"马甲"。目前发现的最早实例，是在咸阳发现的唐高宗乾封二年（公元 667 年）的苏定方墓和在西安羊头镇发现的总章元年（公元 668 年）的李爽墓。从武士俑的造型等方面来看，其年代定在唐太宗贞观年间（公元 627～650 年）为宜。

一二一　陶男立俑

　　时代：唐代

　　尺寸：通高 22.4 厘米

　　来源：本馆旧藏

　　该男俑系模制而成，通体施粉涂彩，即"白衣彩绘"，色泽保存欠佳。头戴幞头，身穿圆领右衽长袍，腰系大带，双脚分开，站立在地板上。由于幞头出现以后，其变化特征比较明显，故在考古学上具有一定的断代意义。此俑与西安东郊郭家滩唐会昌五年（公元 845 年）张渐墓出土的男立俑比较，它们在整体造型、服饰、姿势以及所站地板等方面非常相似，其年代也应该属于这一时期。

一二二 三彩女立俑

　时代：唐代

　尺寸：通高 26.7 厘米

　来源：本馆旧藏

三彩女立俑面容丰腴，头顶后梳刀形高髻，身穿白色窄袖襦衫，外罩绿色半臂，长裙高束于胸际，下垂曳地，云头履露在裙外，在肩上加披黄色帔帛，两端并绕于手臂之间而下垂。从刀形高髻上来看，制作年代大约相当于武则天光宅元年至唐玄宗天宝末年。

一二三　兔首生肖陶俑

时代：唐代

尺寸：通高 24 厘米

来源：本馆旧藏

兔首生肖陶俑，是以鼠、牛、虎、兔、龙、蛇、马、羊、猴、鸡、狗、猪的首和人身相结合而成的十二生肖俑之一。该俑造型特点是兔首人身，头微向上，双耳朝后，直颈，胸部袒露，身穿交领宽袖长袍，原来应是站立在半圆形地座之上。这种类型的十二生肖俑，流行于玄宗开元天宝（公元 713～756 年）时期，衰退于肃宗至懿宗统治时期（约公元 756～873 年之间）。

一二四　红陶灯

　　时代：唐代

　　尺寸：通高 16、口径 5.8、底径 9.1 厘米

　　来源：本馆旧藏

　　陶灯是轮制而成。全身上下均为素面，色泽鲜艳，保存较好。这种式样的陶灯台是在魏晋南北朝灯台的基础上直接发展起来的，唐代陶灯台在白釉莲瓣烛台和唐三彩的相互影响下，造型更加丰富多样。从该灯台的造型特征来看，制作年代定为盛唐之际。

一二五　三彩灯

　　时代：唐代

　　尺寸：高 5.2、口径 10、底径 5.1 厘米

　　来源：本馆旧藏

　　三彩灯是由深腹盘和高柄足两大部分所组成，轮制，上部分为敞口，平沿，弧腹，内底微微隆起的深腹盘状；下部分为高柄圈足，圈足不仅呈卷边状，而且足的上部还有一圈突棱。白胎泛黄，口沿和腹部施赭、黄、绿色釉，圈足部分露胎。这种造型的三彩灯，在陕西耀州窑出土不少。到目前为止，我国在陕西耀县和西安郊区及河南巩县大、小黄冶村发现了烧造唐三彩的窑炉。初步断定，该三彩灯很有可能是耀州窑的产品。

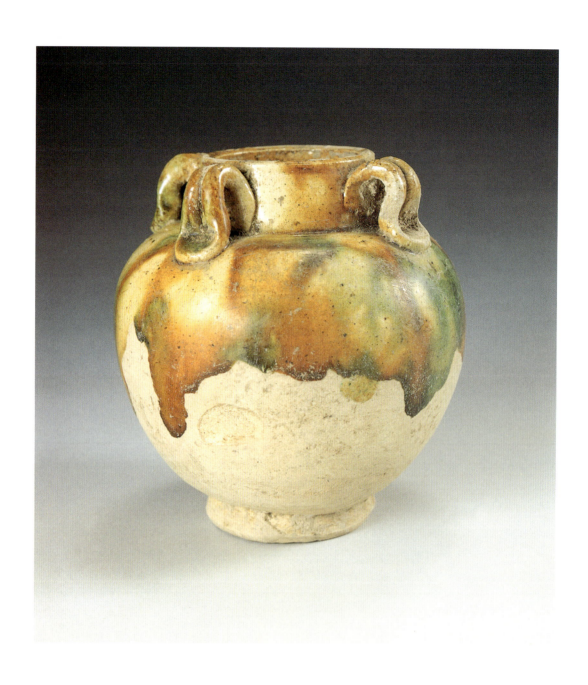

一二六　三彩罐

　　时代：唐代

　　尺寸：高9.5、口径4.4、腹径9、底径4.6厘米

　　来源：本馆旧藏

　　三彩陶罐的主要部分为轮制，耳部为附加上去的，腹部较圆，呈球体状，上半部施彩，下半部露胎。口沿和腹部中间施有赭、黄、绿三色釉。其实，唐三彩并不局限于三种色泽。既有三彩，也有二彩和单彩，甚至还包括了三种以上的色泽。三彩陶罐是在隋代青釉莲瓣四系罐、青釉贴花四系罐以及黄釉莲瓣四系罐的基础上发展起来的。

一二七　风字石砚

　　时代：唐代

　　尺寸：长 18、前宽 13.5、高 6 厘米

　　来源：本馆旧藏

　　石砚，人工雕琢而成，由于造型酷似"风"字，故名风字砚。砚面呈前宽后窄状，断面则为前高后低，下有两个支足。风字砚是以陶砚居多，石砚次之，其他质地更为少见。

一二八　陶腰鼓

时代：唐代

尺寸：长 48.9、两端口径 18.6 厘米

来源：本馆旧藏

腰鼓，乐器，系轮制成形，腰间饰有七道凸棱状的旋纹装饰，做工精细，表面光滑，是我国目前保存较好的一件腰鼓文物资料。这件腰鼓与唐让皇帝惠陵出土的一件陶腰鼓（现藏陕西省考古研究所）的形状较为相似，表明两者的产地与制作年代大体相同。

一二九　莲花纹瓦当范

时代：唐代

尺寸：口径 22.3、高 6.2、底径 20.9 厘米

来源：唐长安城太平坊实际寺遗址出土

该瓦当范为泥质灰陶，手制，圆形，阴刻纹。纹样由莲瓣纹和连珠纹所组成，从内向外依次排列，被考古学者美誉为"屋檐上的艺术"。

一三〇　四神十二生肖镜

    时代：隋代

    尺寸：直径 16.4、厚 0.7 厘米

    来源：本馆旧藏

    青铜铸造，圆形，圆纽，圆纽座。内区为青龙、白虎、朱雀、玄武
四神；外区分为十二个格，每个格内分别置鼠、牛、虎、兔、龙、蛇、
马、羊、猴、鸡、狗、猪十二生肖各一，造型生动，形态逼真。

一三一　瑞兽葡萄镜

　　时代：唐代

　　尺寸：直径 14.1、厚 0.9 厘米

　　来源：本馆旧藏

　　瑞兽葡萄镜，青铜铸造，圆形，伏兽纽，其造型内区以葡萄枝叶缠绕

纹饰为陪衬，五瑞兽造型生动，形态逼真，外区由葡萄枝叶纹环绕一周，

中间以不同形态的禽鸟点缀其中。

一三二　面制点心

　　时代：唐代

　　来源：新疆吐鲁番阿斯塔那唐墓出土

　　这种点心是唐代西州人生前十分喜欢食用的一种地方小吃。面制，烘烤而成。做工精致，花样丰富。形状既有圆形、方形，还有不规则形。我校历史系（现改为文博学院）72级考古专业师生同新疆维吾尔自治区博物馆联合对阿斯塔那唐墓进行考古发掘时出土。

一三三　鎏金铜锁
　　时代：唐代
　　尺寸：长 22.6、宽 3.7、高 1.8 厘米
　　来源：本馆旧藏
　　铜锁主要由两大部分组成。上为铜锁本体，右下方为钥匙。左下方为两个门栓铆钉，原先固定在两扉之上。由于上锁，出土时往往连在一起。铜锁为青铜焊接，包括钥匙在内的其余部分，皆为锻造而成。铜锁结构简单，钥匙向内一捅即开。在唐僖宗靖陵中曾出土过 1 件鎏金铜锁，说明使用者一般都是皇室贵族和高官大臣。1958 年，在西安市东郊唐开元二十八年（公元 740 年）的杨思勖墓石椁东壁大门的线刻图上，就有锁子的线刻图。

一三四　瓦踏步

时代：唐代

尺寸：直径约 50 厘米

来源：西安市唐长安城崇化坊出土

踏步，是指供人脚步踩踏的一种"垫板"。分为砖踏步、瓦踏步、石踏步、木踏步等。1996 年，西北大学文博学院 93 级考古专业师生配合西北大学新校区的基本建设，对唐长安城崇化坊遗址进行了考古发掘，共发现了九个踏步。瓦踏步的结构比较特殊，从里到外分为 9 层，形似莲花。从其所在位置上来分析，可能与崇化坊内的某一寺院有关。

一三五　唐遂安王李安墓志铭

　　时代：唐贞观六年（632年）

　　尺寸：边长各62、厚13.5厘米

　　来源：征集于长安县祝村

　　墓志铭为石质。志盖为正方形，盝顶式，上刻篆文"大唐遂安王墓志之铭"九字。在字的四周刻有连珠和卷草纹饰，四刹刻龙纹，盖的四边为云气纹。志石亦为正方形，四周饰以十二生肖，每边各三，鼠位于下侧的正中，马位于上侧的正中，代表的应是南北子午线，并在十二生肖之间饰有云气纹。志文楷书，满行38字，共实有1374字。墓主李安，字世寿，陇西成纪人也。为大唐使持节都督交州诸军事、交州刺史、柱国遂安王。唐太宗贞观十六年（公元642年）二月二十五日薨于京师之第，享年六十二岁，并以其年五月六日葬于长安县福阳乡修福里高阳之原。

一三六 陶棋盘与蚌棋子

　　时代：唐代

　　尺寸：棋盘长 30、宽 29.1、厚 5.5 厘米；棋子直径 1.1～1.8、厚
　　　　　0.7 厘米

　　来源：唐长安城太平坊实际寺遗址出土

　　棋盘接近方形，盘面阴刻经纬线各十一道，在棋盘中心部位的经纬
线交汇点，阴刻一"×"形符号。棋子圆形，两面微鼓，与现在的围棋
子形状略不同。为研究中国古代围棋的起源与发展，提供了重要的实物
资料。

一三七　汉白玉观音菩萨头像

　　时代：唐代

　　尺寸：残高 20.5 厘米

　　来源：本馆旧藏

　　该菩萨为观音菩萨。束高髻，发髻正前有一结跏趺坐施禅定印的化佛。菩萨面部丰满方圆，弯眉细目，具有典型的盛唐造像之风。

一三八　三彩盆

　　时代：唐代

　　尺寸：口径 29.3、底径 13.2、高 11.3 厘米

　　来源：唐长安城太平坊实际寺遗址出土

　　平折沿，圆唇，腹壁斜直，平底。通体施绿、黄褐、白三彩。三彩器物以往多出土于墓葬之中，而在寺院、民居等遗址中发现较少。实际寺遗址出土的这件器物，可能是当时寺院的供养品。

一三九　泥板坐佛

　　时代：唐代

　　尺寸：高 21、宽 13、厚 1.2 厘米

　　来源：本馆旧藏

　　长方形，周边有切割痕迹。中心为一结跏趺坐施禅定印的坐佛，面部残损，身著通肩袈裟。头光呈联珠状，背光呈圆形。头顶之上为一幡盖，座为束腰须弥座，座两侧各有一只蹲狮。从该泥佛周边的切割痕迹来看，原来可能装饰于寺院墙壁之上。

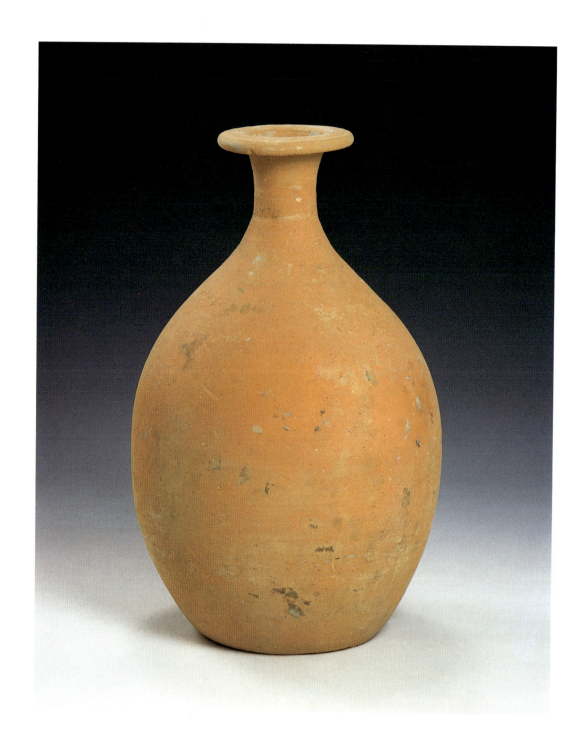

一四〇　陶净瓶

　　时代：唐代

　　尺寸：口径 7.4、底径 9.9、高 27.8 厘米

　　来源：唐长安城太平坊实际寺遗址出土

　　口微侈，平折沿，圆唇，细长颈，腹长圆而鼓，平底。通体光素。在早期的佛教造像中，如云冈石窟中，佛弟子手中亦持净瓶，后来演变成为观音菩萨的象征之一。在敦煌石窟壁画中，净瓶不仅是菩萨的手持物，而且也是剃度时的取水用具。该净瓶出土于寺院遗址，当与宗教活动有关。

一四一　白釉瓷碗

　　时代：唐代

　　尺寸：口径 15.2、底径 6.9、高 4.2 厘米

　　来源：本馆旧藏

　　敞口，卷唇，腹壁斜直，璧形底。内外壁通体施白色釉，釉色匀而洁白，璧形底的碗主要流行于唐代中、晚期，其窑口可能为河北邢窑。此类碗在唐代长安城遗址和墓葬之中多有发现。

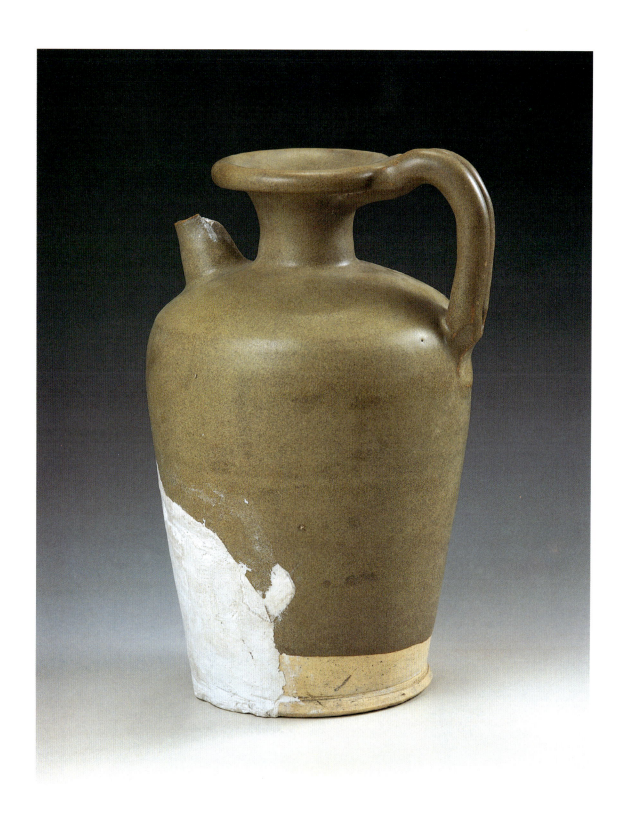

一四二　瓷执壶

　　时代：唐代

　　尺寸：口径 8.5、底径 10.2、高 14.7 厘米

　　来源：本馆旧藏

　　侈口，卷唇，矮细颈，鼓肩，斜直腹，平底，底端外撇。肩部一侧为一短流，与流相对的一侧为双股
錾。腹壁施釉不及底，其余部位施茶末色釉，釉面均匀细腻。

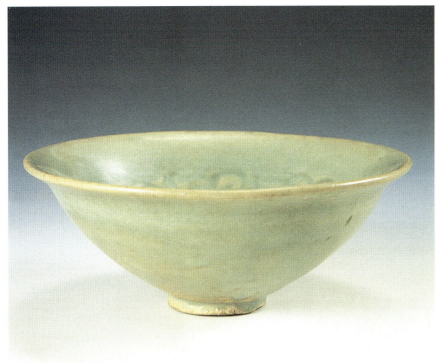

一四三　青瓷碗

　　时代：北宋

　　尺寸：口径 12.9、底径 3.4、高 5.2 厘米

　　来源：本馆旧藏

　　敞口，沿下稍内收，斜弧腹，圈足矮小。内外壁施青绿色釉，光匀明亮。灰胎，质细密。内壁刻缠枝花纹。是宋代耀州窑的典型产品，其年代属于耀州窑北宋晚期。

一四四　匣钵

　　时代：北宋

　　尺寸：口径 11、高 3、壁厚 0.6～0.7 厘米

　　来源：本馆旧藏

　　圆形。为内外双层造型，外为直口直腹，内为敞口浅盘状。外壁及沿粘砂较多，质粗，呈灰色，表面烧成红褐色。匣钵内底粘连平底浅盘底部。残存瓷盘施青绿色釉，内底饰水波纹，具有耀州窑产品特征。可知该匣钵是耀州窑的窑具，其年代大体在北宋晚期。

一四五 "露字号官"铜钹

　　时代：北宋

　　尺寸：直径 33.7 厘米

　　来源：本馆旧藏

　　圆形，中心鼓起。两枚之上均錾刻文字。一枚錾刻"蓝田县宣和三年闰五月二十日□上主院僧惠纯首到甲子露字号官"，末有一画押。另一枚錾刻"露字号官"，末有一画押。铜钹，初流行于西域，南北朝时传入内地。本品为寺院做法事时所用之器，为研究北宋时期的佛教乐器提供了实物资料。

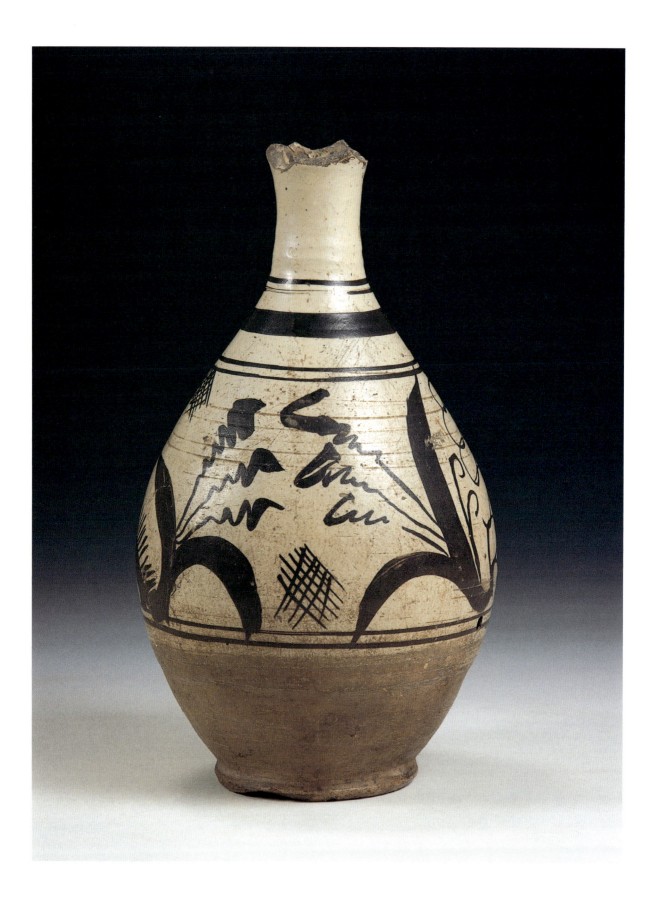

一四六　黑花瓷春瓶

　　时代：元代

　　尺寸：残高 23.5 厘米

　　来源：本馆旧藏

　　口部已残，细长颈，圆鼓腹，矮圈足，底端外撇。外壁施釉不及底，白釉黑花，花纹为花草及几何纹。这种形制的瓶是北宋时期创烧的一种瓶式，宋代主要由北方各窑口烧制。入元以后，遍及当时南北诸窑。

一四七　琉璃龙纹瓦当

　　时代：明代

　　尺寸：直径 19、厚 3.2 厘米

　　来源：本馆旧藏

　　圆形，当面以一圈凸棱分为内外两区。外区素面，内区中心为一五爪腾云状龙纹。昂首，鳞身，尾部粗短。可能为明代西安秦王宅邸建筑上所用。

一四八　铜香炉

　　时代：明代

　　尺寸：高 27.8 厘米

　　来源：本馆旧藏

　　方形，带盖，子母口。盖镂空呈卷草状，顶中心为一昂首翘尾足踏绣球的狮子。炉身四周雕刻卷草状花纹，左右两侧为两个回首伏虎耳，前后两侧为锯齿状扉棱。四蹄足，每足上端为一兽面。香炉是佛教的香供养具，造型别致，为研究明代供养香具提供了重要资料。

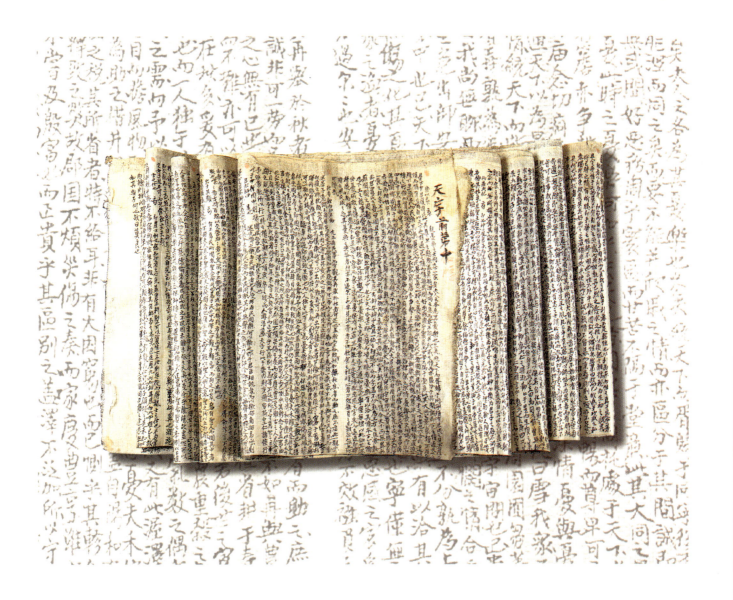

一四九　科举丝质作弊夹带

时代：清代

尺寸：长 249、宽 36 厘米

来源：本馆旧藏

清代科举考场作弊用品。正反两面写满蝇头行楷，内容为提前写好的八股文。以千字文编号，本卷为其中的"天字前第十"。为研究清代的科举考试及八股文提供了重要的实物资料。

参考文献

1. 裴文中等：《山西襄汾丁村旧石器时代遗址发掘报告》，科学出版社，1958年。

2. 西北大学文博学院考古专业编著：《扶风案板遗址发掘报告》，科学出版社，2000年。

3. 中国社会科学院考古研究所编著：《临潼白家村》，巴蜀书社，1994年。

4. 山东省文物管理处等：《大汶口》，文物出版社，1974年。

5. 中国科学院考古研究所编著：《庙底沟与三里桥》，科学出版社，1959年。

6. 青海省文物管理处考古队等：《青海柳湾》，文物出版社，1984年。

7. 中国科学院考古研究所编著：《沣西发掘报告》，文物出版社，1963年。

8. 陕西省考古研究所等：《陕西出土商周青铜器》，文物出版社，1979年。

9. 卢连成等：《宝鸡强国墓地》，文物出版社，1988年。

10. 河北省文物研究所：《藁城台西商代遗址》，文物出版社，1985年。

11. 中国社会科学院考古研究所编著：《殷墟青铜器》，文物出版社，1985年。

12. 河南省文物研究所编：《河南出土商周青铜器》，文物出版社，1981年。

13. 陕西省考古研究所等：《陕西出土商周青铜器》（三），文物出版社，1980年。

14. 陕西省考古研究所等：《陕西出土商周青铜器》（四），文物出版社，1984年。

15. 王世民等：《西周青铜器分期断代研究》，文物出版社，1999年。

16. 郭沫若：《卜辞通纂》，科学出版社，1983年。

17. 周晓陆、路东之：《秦封泥集》，三秦出版社，2000年。

18. 陈直：《关中秦汉陶录》，天津古籍出版社，1994年。

19. 王仲殊：《汉代考古学概说》，中华书局，1984年。

20. 孙机：《汉代物质文化资料图说》，文物出版社，1990年。

21. 刘士莪：《西北大学藏瓦选集》，西北大学出版社，1986年。

22. 陕西省文物管理委员会编：《陕西省出土唐俑选集》，文物出版社，1958年。

23. 中国社会科学院考古研究所编：《唐长安城郊隋唐墓》，文物出版社，1980年。

24. 陕西省考古研究所：《唐代黄堡窑址》，文物出版社，1992年。

25. 王维坤：《中日古代都城与文物交流的研究》（日文版），朋友书店，1997年。

26. 孔祥星、刘一曼：《中国铜镜图典》，文物出版社，1992年。

27. 陕西省考古研究所等：《宋代耀州窑遗址》，文物出版社，1998年。

28. 历史系77级考古实习队：《陕西华县梓里村发掘收获》，《西北大学学报》，1982年3期。

29. 王世和、张宏彦：《1982年陕西商县紫荆新石器时代遗址的发掘》，《文博》，1987年3期。

30. 西北大学考古专业：《宝鸡石嘴头东区发掘报告》，《考古学报》，1987年2期。

31. 王世和、钱耀鹏：《渭北三原、长武等地考古调查》，《考古与文物》，1996年1期。

32. 刘士莪：《西北大学所藏甲骨文字》，《考古与文物》，1990年4期。

33. 陈直：《秦汉瓦当概述》，《文物》，1963年11期。

34. 高大伦、贾麦明：《汉初平元年朱书镇墓陶瓶》，《文物》，1987年6期。

35. 王世和等：《陕西咸阳唐苏君墓发掘》，《考古》，1963年9期。

36. 苏秉琦等：《西安附近古文化遗存的类型和分布》，《考古通讯》，1956年2期。

37. 殷玮璋、曹淑琴：《灵石商墓与丙国铜器》，《考古》，1990年7期。

38. 山西省考古研究所：《山西灵石旌介村商墓》，《文物》，1986年11期。

39. 刘庆柱、李毓芳：《西安相家巷遗址秦封泥考略》，《考古学报》，2001年4期。

后　记

　　世纪轮回，万象更新。西北大学作为一所百年老校，素以科学和人文名世，其淳朴踏实的治学传统和艰苦奋斗的创业精神，为学科建设注入了深厚的文化底蕴和亮点生辉的灵性。经过几代人的不懈努力与矢志不渝的追求，历史学科和考古专业的科研硕果累累，办学特色鲜明，学子遍布祖国各地，享誉大江南北，具有薪火传承文化积累的菁华魅力。特别是进入"211工程"国家重点建设高校后，倡导团队合作精神，发挥人才创新优势，在重点学科建设方面取得了很大进步，为了展现历史研究和考古成果半个世纪以来的科学水平，重铸历史辉煌的精神之光，西北大学文博学院考古专业组织编写了本书，具体分工如下：

史前时期	张宏彦	钱耀鹏
商周时期	张懋镕	赵丛苍
秦汉时期	周晓陆	贾麦明
隋唐时期	王维坤	冉万里

　　目录及前言英文由王晓琪翻译，校园风景由屈琳拍摄。

　　本书的编写与出版得到学校和学院两级领导的关心和支持，文物出版社慷慨允诺，及时推出。

　　由于时间和水平所限，本书编写欠妥之处，敬请海内外方家不吝赐教。

2001 年 12 月

整体设计：周小玮
责任编辑：葛承雍
责任印制：陆　联

图书在版编目（CIP）数据

百年学府聚珍：西北大学历史博物馆藏品选/西北大
学文博学院编 .—北京：文物出版社，2002.1
ISBN 7-5010-1342-X

Ⅰ . 百…　Ⅱ . 西…　Ⅲ . 文物-陕西省-图录

Ⅳ .K872.410-2

中国版本图书馆 CIP 数据核字（2002）第 014402 号

百年学府聚珍
——西北大学历史博物馆藏品选

*

文 物 出 版 社 出 版 发 行

北京五四大街 29 号

http：//www. wenwu. com

E-mail：web@wenwu. com

北京大天乐印刷有限公司印刷

新 华 书 店 经 销

889×1194　1/16　印张：10.75

2002 年 1 月第一版　2002 年 1 月第一次印刷

ISBN 7-5010-1342-X/K·591　定价：120.00 元

文明在历史古城中积累
岁月在文化遗产上沉淀

NORTHWEST UNIVERSITY